「めんどくさい女」から卒業する方法

「でも」「だって」「どうせ」が口ぐせのあなたへ

心理カウンセラー
心屋仁之助

廣済堂出版

全国から届いた喜びの声

とてもわかりやすかったです。とても心が軽くなった……と同時に、「今までの自分、なんて恥ずかしいことをしてたんだろー」と、穴があったら入りたいぐらいの気分になりました。

うっかり間違いやすいところが、具体的に書いてあって、素晴らしい！

22歳なので、「もっと早く知っていれば、今までの青春、もっと楽しめただろうに……」なんてちょっと切なくもなりました。まっ、これから取り返します！これからも楽しみにしていますね！(^-^)

解決方法を提示してもらえると、それだけでなんか安心してしまいます（爆）。早速、やってみま～す(*^▽^*)/

まさに私自身の話でした（笑）。生きることが楽になってきます。これからもプラスになるよう頑張ります。

みごとに心屋さんが書かれてる通りの反応をしています。まだまだですねー（苦笑）。ありがとうございました！

私、めんどくさい女です。でも、ちょっとずつラクチンになれたらいいな。

新鮮な気づきでした！ 「めんどくさい女から卒業したい」と思っていると、「めんどくさい女になる」ということ、なるほど～そうなんですよね。

周りにめんどくさい奴と思われるのもいやですが、なによりこんな考え方をしていたら自分をどんどん不幸にしてしまいそうです。そんな考え方から脱却して幸せな考え方ができるようになったらどんなにいいでしょう。

いいお話でした！ 方程式のたとえは、ほんとうにその通りですね。

レッスンを繰り返していくうちに涙が出てきてしまいました。で、涙が出なくなったかな？ 大丈夫かな？ と思うと、また涙が出てきて……の繰り返しといった感じです。

めんどくさい女、私の最大のテーマです。残りの人生楽しく生きたいですものね。変わろうと思う気持ちがあるなら、きっと少しずつでも変われますよね。

どうしよう……。
すべて私に当てはまります。
超めんどくさい人間だと、
実感！

こんにちは☆　急所を鮮やかに突かれるような、でもだからって傷つくんじゃなくって（思いあたると、うっとくるけど……）、そっか♪　ってまた立ちあがって胸を張って歩きだせるような、そんなぢんのすけさんのまっすぐであったかい言葉たちに、いつも勇気と元気もらってます。

「めんどくさい女」まさにその通りだと思いましたよー。
久しぶりに大笑い！
ありがとうございました。

自分のダメなところを素直に認め、あきらめ、でもこうして生きていられる事に感謝して、私って幸せだなと思い、頑張ってみようかなぁ！　って思いました。ありがとうございました。

すごくわかりやすいです。
早くめんどくさい女から卒業する方法が知りた〜い。
知っているくせに…。

私もめんどくさい考え方のすべてに当てはまっていました（笑）。全部です、本当に。今はそんな自分に気づいて、自我を観察し、自動的に反応するのをやめつつあります。

なるほど……プラスをいくつにしていくのか、自分次第ですね。ちょっとでもプラスになれたらプラスを振りまいてみたいと思います。めんどくさい女からの卒業、楽しみにしています。

最近、お付き合いが始まった彼女の行動に当てはまる部分がありました。そしてなにより、自分に当てはまる部分が多くありました。

「ああー！まさに私、これだ!!」と思うようなことばかりでした。私、めんどくさい奴なんだな～。

私、xになに入れてんだ～！って「はっ」と我に返るような、目が覚めるような、そんな方程式でした。方程式、目につくところに貼っておこうって思います。いつもありがとう～～♪

そうなんです！　めんどくさい女はマイナス思考が強くて、常に被害者なんですね。そう、どこかに自分も持っているものなんです。だから、周りにいるみんなに、マイナス思考を振りまいているのだとつくづく思いました。

すごく勇気づけられています。まさに私…みたいです。こんな性格から抜け出したくて、もがいています。

はじめに

僕が日々のカウンセリングを行っているなかで、症例が増えれば増えるほどに、悩みや問題の共通点が浮かび上がってきます。それが、「拗《す》ねている」ということでした。

拗ねている理由は、みなさんそれぞれです。

「拗ねている」がしっくりこないのなら、いじけてる、意地を張っている、ひがんでる、なにかに怒っている、なにかを諦めている、なにかを卑下《ひげ》している。

日本語にはいろんな表現がたくさんありますが、なににしても「心がねじれている」ということです。

それがすべての悩みや問題の根底に共通して流れています。

ねじれているから、お金も、人間関係も、仕事も、恋愛も、ものごとすべてがうまく回らない。淀《よど》んだり、詰まったりしてスムーズに流れない。そこにムリヤリなにかをなそうとするから、「問題」が発生します。

心がねじれているときは、やさしさも、愛情も素直に受け取れなくなってしまっています。

このねじれの原因は過去、とくに子どもの頃の思い出や経験にひそんでいます。ちょうど、小さい子どもが部屋の隅でうずくまって拗ねているように。かまってもらえなかった。やさしくしてもらえなかった。それどころか、逆にひどいことをされた。褒《ほ》めてって言えなかった。言い出せなかった。そんな気持ちがいまの人生を引きずりまわしているということ。

僕もずっとそんなことをやってきました。

誰かが、「ほら、ケーキ買ってきたよ」とやさしく言ってくれても、拗ねてる自分は「いらないもん！」と受け取りません。「あれ？　ケーキ好きだったよね？」と言われても、「虫歯になるからいらない」と理由をこじつけて受け取らない。

「じゃあ、みんなで食べちゃうよ」

「……」

そして、本当に食べられてしまったら、悲しくて悲しくて、そしてまた拗ねてしまう。

親切な誰かが冷蔵庫にとっておいてくれても、食べているところを見られると悔しいから、やっぱり我慢してしまう。

素直になれない。

そうやって、手に入れることのできた幸せをどんどん逃してしまうのです。

たくさんの人が、自分にやさしさや愛情を与えてくれているのに、素直に受け取れない。

そのくせ、「誰もわかってくれない」「また友達が離れていった」と、拗ねはじめる。

そんなことを思い出してたら、ふと浮かんだのが「めんどくさい」という言葉でした。そう、「手に負えない」そんなめんどくさい人は、僕にはまるで傷ついて拗ねているノラ猫のイメージです。

逆に、問題や悩みが解決していくときにも共通点があります。それは、なにかを許せたとき。ものの見方が変わったとき。思い込みや勘違いが解けたとき。そして、拗ねるのをやめたときです。

そのときはじめて、なにかがすーっと流れる。拗ねるのをやめたときが、素直になったときです。

素直で、愛されて、幸せな女。

頭文字をとって、「す・あ・し」な女の誕生です。

素直だから、愛されて幸せを感じられる。逆に、素直じゃないから、愛を受け取れず、幸せを感じられない。

うん、やっぱり幸せのキーワードは「素直」なんだと確信しました。

あなたの近くにいる素直な人と、拗ねている人を思い浮かべてみてください。どちらの人にやさしくしたくなるでしょうか。どちらの人のほうが人生を楽しんでいるように見えるでしょうか。少なくとも、僕は素直な人だと思っています。

いつも人の悪口や愚痴を言っていじけていたり、人を攻撃したり、正しさを主張したり、自分を卑下して、褒められても喜べない、そんな「めんどくさい人」か、素直に、にっこり笑ってやさしさを受け取ってくれる、人生を楽しんでいる、そんな「すあしの人」か。

この違いは、特別な能力や才能があるかどうかとか、容姿や環境の差ではありません。

素直かどうか。これがその人自身を輝かせるいちばんの要素ではないかなと思うのです。

この本では、問題や悩みを作る「拗ね」から抜け出し、素直になるための方法をまとめてみました。どうしてそんなノウハウがあるのかというと、それは「人体実験」の結果なのです。

そう、僕自身が「めんどくさいやつ」だったからこそ、わかることがあるのです。

そして、僕自身がその「めんどくさい」から抜け出すことができたからこそ、お伝えできることがあるのです。

めんどくさい「拗ね」から抜け出すと、目に映る景色が大きく変わっていくことを体験しました。

さらに、たくさんの方のカウンセリングをさせていただいて、大きな変化を目の当たりにしたことで、みなさんに自信をもってお伝えすることができるのです。

拗ねている人が素直になるということは、実はとても勇気のいることです。

拗ねていた子どもが「やっぱりケーキちょうだい！」と、涙を拭《ふ》いてにっこり笑う勇気。泣いてたカラスが笑ってもいいんです。そんなふうに勇気を出したくなるようなお話を、たくさん書いてみました。

心屋の人体実験。体を張って開発した、素直になるためのノウハウ。さあ、お試しください。そして一緒に素直になって、愛されて、幸せを感じましょう。

そうして、一人でも「すあしの女」を増やしていくことが僕の願いです。

すあしの女が増えれば、きっとたくさんの男性も幸せになります。「すあしの母親」「すあしの父親」が増えれば、きっと「すあしの子ども」が育ちます。

一緒に「すあし」活動に参加してみませんか。

一緒に幸せを感じましょう！

目次

第２章
心の中が見えてくる！ 魔法の方程式

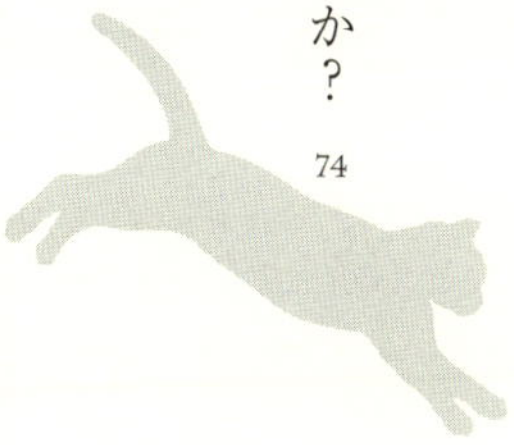

第3章
めんどくさい「勘違い」から抜け出す！

第4章
「すあしの女」へレッスン開始!!

第5章

愛に満たされて生きる

カバーイラスト　松尾たいこ
ブックデザイン　高瀬はるか

第1章

もしかしたら、私は「めんどくさい女」!?

ついつい考え過ぎてしまう自分から抜け出したくないですか？

私の名前は素子《もとこ》、34歳。

よく自分のことを「めんどくさいな〜」と思うんです。

周りの人からもしかして嫌われている⁉　って感じることがよくあるし、褒められても「うそばっかり」なんて思ってしまって、素直に喜べない。

仕事も私なりに頑張って成果もあげているのに、結局、要領のいい人や、甘え上手な人ばかりがかわいがられて、いつも私は評価されない。

そんなふうに考えてしまうから、自分を卑下したり、他人をうらやんだり、認めてくれない人を嫌いになったり……。悩んでも解決しないことをいろいろ考え過ぎて、ずっとモヤモヤしている感じ。

同僚がランチに誘ってくれても、ついつい断ってしまったり、せっかく仕事のチャンスが巡ってきたのに、自信がなくて「私には無理です」って言ってしまったり。

いつも後悔するくせに、でもそれでちょっと安心したりもしている。

こんな調子だから、彼との関係もうまくいかないことが多い。

好きでいてほしいから、なんでも言うことききいてしまったり、嫌われたくないから本心が言えなくて……。そしていつの間にか、自分のなかに少しずつ不満も溜《た》まってくる。

いつも不安になって彼の気持ちを確かめてみると、「好きだよ」って言ってくれるのに、でも信じられなくて……。思わず試すようなことを言ってしまったり、わざと嫌われるようなことしてみたり。

そして最後は、そんな自分に耐え切れなくなって、いつも自分から関係を壊しちゃう。

あ～！　めんどくさい!!　一度全部リセットして、最初からやり直したい!!

まるで怖がりないじけ虫が、いつも私のなかにいる感じです。

あなたはどうですか？

「めんどくさい女」の思考回路

僕は、性格をリフォームする心理カウンセラーとして、悩みを抱えた方の心理カウンセリングを行っていますが、僕のところには、この素子さんのような悩みを抱えた人が多く来られます。そこには共通していることがあります。

それは大きく分けると、「卑下」と「私は悪くない」という2つの考え方です。

「私はみんなに嫌われてると思うんです」

「私には、いまの仕事をする能力がないんです」

「自分の将来がどうなるか、とても不安です」

こういう考え方が「卑下」です。

うまくいかない理由を自分のせいにしてしまう。自分の能力や魅力がないことにしてしまう。

そして、うまくいかない理由を自分以外に求めるのが、「私は悪くない」という考え方です。

「こんなに頑張ってるのに、評価しないあの人がおかしいのよ」

「全部この会社の体制がおかしいのよ」

「男はバカだから、見る目がないのよ」

と、だいたい言葉が汚いです（笑）。


こういう考え方に包まれていると、目の前に起きる出来事すべてが歪《ゆが》んで見えてしまいます。

つまり、みんなから嫌われていると思っていると、みんなが自分を無視したり、悪口を言っているように見えてくるのです。

自分は仕事ができないと思っていると、本当にそう言われてしまったり、そう思い知らされる出来事があったり。

経済的な不安に包まれていると、お金がどんどんなくなっていく気がしたり。

誰にも認めてもらえないと思っていると、どんなに頑張っても、あなたの頑張りに気づいてもらえなかったりします。

本当は事実ではないのに、周りの人からも「そんなことないよ」と言われるのに、事実を事実として受け取れないのです。

「そんなことない……。だって、だって……」

いちいち自分にそう言い聞かせ、ものごとを複雑にめんどくさくしてしまいます。こうした悲観的、否定的な考え方のことを、僕は思い切って「地獄思考」と呼んでいます。この地獄思考を持っていると、物事を素直に受け取れなくなってしまいます。

その結果、

・言い訳ばかりしてしまう。
・愚痴ばかり言ってしまう。
・強がってしまう。
・人を責めてしまう。
・「こうあるべき」と、正しさばかり主張してしまう。

素子さんもそうでしたね。素直になれず、強がったりいじけてばかりいました。

でも、もし褒めてもらったり、認めてもらったことを素直に喜べたらどうでしょう。認められていることや、愛されていることを素直に感じられたら、どうでしょう。なにかほっとしませんか？

ほっとすることで心に余裕が生まれ、力が抜けてリラックスできます。すると、心のなかに立ちこめていた、いろんなモヤモヤが晴れていくのです。

おそろしい「地獄のスパイラル」

地獄思考でいると、文字通りほんとにこの世の地獄を味わえます（笑）。

もしあなたが地獄思考を持っていたら、あなたがどんな地獄の住人か、口癖でわかります。

1 「自己卑下・あきらめ」地獄

・「どうせ私がやってもうまくいかない」

・「誰も聞いてくれないし……」
・「私なんて大したことない」
・「私なんてスタイル悪いし、かわいくないし……」

2 「気にしすぎ・自意識過剰」地獄

・「私ばっかり働いている」
・「誰もなにもしないんだから」
・「みんな私のことばかり頼ってくるんだから」
・「私がかわいいからって、みんな妬《ねた》んでるんでしょ」

3 「被害妄想・不平不満」地獄

・「私だけ認められない」
・「私だけいつも怒られる」
・「きっとみんな私のこと笑ってる」
・「私ばっかりひどい目に遭う」

4　「自虐」地獄

・「はいはい、私がみんな悪いです」
・「どうせ裏で悪口言ってるんでしょ」
・「どうせ私はかわいくないわよ」

5　「怖がり」地獄

・「そんなこと言ったら嫌われる」
・「本音なんか言ったら、みんなに嫌われる」
・「こんなことしたらまた怒られる」

6　「自己防衛・正当化」地獄

・「なんでそんなこと言われないといけないの!?」
・「私が悪いって言うの？」
・「こんなことは常識でしょう」

・「そういうことは言うべきじゃないでしょ」
・「だから言ったじゃない」

7「張りぼて」地獄

・「私がやってあげたのよ」
・「これは、私にしかできないのよ」
・「私は平気だから、あの人を助けてあげて」
・「だって私、こんなに幸せなのに」

8「競争」地獄

・「私のほうがよっぽどできるわよ」
・「あの人は大したことないね」
・「あの人にできるはずないよ」

9「嫉妬」地獄

・「あの人は、ただ運がよかったのよ」
・「そんなのずっと前から知ってたわ」
・「そんなの別に羨《うらや》ましいとも思わない」

10 「批判」地獄

・「あんなやり方してるからダメなんだよね」
・「あれはどう考えてもおかしい」
・「絶対に許せないわ！」

地獄思考は、いろいろなめんどくさい女を作ります。ちなみに、いくつぐらい当てはまりましたか？

「拗ねる」からこじれる！

こうやって地獄思考を書き出していくと、以前の僕自身が陥《おちい》っていた考え方もたくさん混じっています。

しかも、まだたくさんその片鱗《へんりん》が残っています（苦笑）。

地獄思考を持っていると、素直に物事を受け取れないので、事実が歪みまくりです。

だから、本来はなにも問題がないところに、次々と問題を作り出す。それはもう、マジシャンのように。

そして、地獄思考のスパイラルにはまっていきます。

そのスタートは「どうせ」という「拗ね」です。

拗ねてるから、↓本当の自分の気持ちが言えない。↓だからわかってもらえない。↓不満を溜めこむ。↓ガマンできなくなる。↓キレる。↓友達を失う。↓また拗ねる……。

つまり、地獄思考のスパイラルとは、「拗ねのスパイラル」ということです。

この間、ふと発見しました。

拗ねるって「こじれる」とも読むんですね。

そりゃー、いいことないわ！


地獄思考の底には「自分は劣っている」「自分は欠けている」と思い込んでいる自分がいます。

それは、「ダメな私」で「愛されない私」という思考に発展していきます。

そうすると、もうひとつの地獄思考のスパイラルが動き出します。


私は欠けている。→　認められるよう頑張る。資格も取る。業績も実績もあげる。→　褒められる。認められる。→　今度はそれを失いたくない。→　失わないために、もっと頑張る。→　休めない。弱みを出せない。→　限界が来る。→　やっぱり私はダメなんだ。→　やっぱり私は欠けている……と、スタートに戻るのです。

このスパイラルは、褒められるまで続きます。でも褒められても、今度はそれにしがみついて限界がくるので、やっぱりスタートに戻ります。

「自分は欠けている」と感じているから、評価されようと必死になったり、誰かから奪おうとしたり、奪っていこうとする人と闘ったりして争います。

そんな状態が続くと、いつも不安で、いつも虚勢を張って、いつも闘って、いつもイライラして……。

「本当の自分」は、とても弱くて、ダメで、愛されない。本当の自分がばれたら、きっと見捨てられる。きっと嫌われる。誰からも愛されない……という恐怖があるから、本来の自分が出せなくなってしまいます。

いつも見栄と虚勢を張って、本音を言わずに溜め込んで、人を信じられない地獄思考は、まさに「めんどくさいスパイラル」なのです。

心にもある!?　生活習慣病

この地獄思考のスパイラルは、もうその人の「癖」となって、どっぷり染みついているはずです。

それは朝起きて歯を磨くように、ごく当たり前に。逆に、そうしないと気持ち悪いぐらい（笑）、習慣化しているはずです。

その「いつもやっていること」「いつもの考え方」「ついついやってしまうこと」が、その人の心を不健康にしているのだとしたら、それは「心の生活習慣病」といえるのかもしれません。

なんで急にこんな話になったかというと、パソコンに向かってここまで書いていて、ふと自分のおなかが目に入ったからなんですね（笑）。

やめたくてもやめられないって頭ではわかっているけど、変えられない習慣。それが、ここ（腹）に、望んでいない結果として出ています。でも、間違いなく自分がやった結果です、はい。

私たちの体は、いままでに食べたものでできています。体にいいものを、美味しく適度に食べていれば、体は元気で健康になります。体は食べたもので作られて、それによって健康になったり不健康になったりするのです。

よく顕在《けんざい》意識とか、潜在《せんざい》意識、無意識などと言いますが、私たちのふだんの言動をつかさどっているのは、潜在意識だと僕は思っています。

潜在意識のなかには、いままでの人生の経験がぎっしりと詰まっています。生まれて今日までの間に見たもの、聞いたもの、感じたことすべてが詰まっています。

ということは、よく見たもの、よく見せられたもの、よく聞いた言葉、よく聞かされた言葉というものが、その潜在意識のなかでかなりの割合を占めることになるでしょう。

すると、知らず知らずのうちに、それらが「当たり前」という記憶となって浸透し、あなたを動かす「基礎プラグラム」として動いているのかもしれません。

もし、素子さんが、

「あなたって、嫌われてるよね」

「あなたは、勉強も運動もできないんだから」

「ほんとにかわいくないね」

なんていう言葉を言われ続けて育ったとしたら、そして、それを信じて受け入れてしまったとしたら、きっと素子さんは、自分で自分の価値を落としてしまっているでしょう。

いつの頃からか、誰かから言われ続け、刷り込まれた言葉。それを信じ込んで習慣化してしまったとしたら。

「嫌われる私」「認められない私」「できない私」が基礎プログラムになっているとしたら……。

本来のあなたの才能や能力を封じ込めてしまって、自分で自分の心の健康を害してしまっていることになりますよね。

逆に、「お前はかわいいね」「あなたはすばらしいね」と言われ続けて育ったとしたら、どんな基礎プログラムができあがるか、想像がつきますよね。

心のモードを切り替える

「地獄思考」はひと言で言うと、「ない」「ない」「ない」の世界です。

・私ばっかりよくないことが起こる。
・私には彼なんてできない。
・誰もやさしくしてくれない。
・上司は私を認めてくれない。
・なにをやってもうまくいかない。
・誰も褒めてくれない。
・誰も助けてくれない。

この地獄思考でいると、しんどい！

自分が本来持っている魅力や可能性までも抑え込んで、マイナスのスパイラルに落ちていきます。

私は満たされていない、私にはできない、誰にも認められていないと思っているから、「認めてほしい」「尊敬されたい」「すごいと褒められたい」「愛されたい」と、周りにほしいほしいと言ってばかりの「飢えモード」が働きます。

飢えモードが働くと、周りからもらうこと、奪うことしか考えられなくなってしまう。そして周りの人は、どんどん奪われていくので、離れていってしまう。

また、地獄思考の人は、やっと手に入れた「もらったもの」「奪ったもの」を、今度は失うんじゃないかという不安に包まれて、また地獄の堂々巡りです。

たとえば不倫をする人も、この飢えモードにどっぷりはまっています。

パートナーが自分を認めてくれないと感じて、飢えモードが働くと、即、「やっぱり自分は認められない」「魅力のない人間なんだ」という反応が出ます。

そんなときに、自分を認めて「くれる」、女として認めて「くれる」、求めて「くれる」人に心が流れて行くのは、当然の成り行きです。

要は、自分は「認められない」と思っているから、飢えモードがいつも働いているということ。

逆に、相手に浮気される人も、同じです。

相手の「浮気」という行動を通じて、「やっぱり私は認められてないんだ」と確認してしまうのです。そう、わざわざ。

そういう人は、浮気をしそうにない人と結婚しても、結婚後に浮気を「させる」のです。

そうして、自分が地獄にいることを確認し続けるのです。

そういう意味では、浮気をする人もされる人も飢えモードが働き、自分のことを「認めてくれない」と相手を非難し合っている似た者同士が、一緒に暮らしているということ。だから地獄思考は、いつも不安なのです。

「ない」の人生か、「ある」の人生か？

ここまで見てきてわかるように、すべてにおいて、「ない」という前提か、「ある」という前提かで、考え方や人生は大きく変わります。

・お金もない。
・時間もない。
・余裕もない。
・愛情もない。
・魅力もない。
・能力もない。
・つながりもない。
・価値もない。

・健康もない。
と思っていると、「やっぱりね」「ほら」という出来事を体験し続けます。

よく覚えておく必要があるのですが、「『ない』という体験をしたから、そう思うようになった」と思う人がいますが、実は、「『ない』と思っているから、そういう出来事が起こる」のです。


たとえば、小さい頃に、親に叱られたら「愛されていない」と思ってしまいますが、そうではありません。

「自分が愛されていないと思っているから、よく叱られる」というのが正しいのです。

つまり、はじめに「考え方」があるということ。

そのはじめの考え方というのは、自分の記憶のない頃に、思い込んでしまった可能性が高いのです。

いま目の前で起こる出来事は、すべてただの「証拠」です。

「褒めてもらえなかった」「叱られた」という子どもの頃の出来事も、すべてあなたが「愛されていないと思い込んだ」結果の証拠です。

思い込んでしまった原因は、もっともっと小さな頃にあるのです。

「ない」という出来事をひっくり返すためには、まず「ある」と思ってみればいい。

そこがスタートです。

素直になって愛されるから、幸せになる!「す・あ・しの法則」

地獄思考の反対は、「天国思考」です。

天国思考を持っている人は、誰からも愛され、愛することができるでしょう。愛されることだけがいいとは言えませんが、嫌われるよりは愛されるほうが、生きやすそうじゃないですか?

愛されるためには、とっても大きな要素があります。

それは「素直」ということ。

物事を歪めずに見ることができ、ありのままに人の言うことを信じられるということです。

地獄思考の人は「そんなんだったら、だまされそう」なんて思うかもしれませんね。

あなたは、素直な人ってどんな人を想像しますか？
きっといつも笑顔に囲まれているでしょう。いつも幸せを実感し、ちょっとしたことにもヘコんだりしない強い自分を持っているでしょう。
なぜなら素直って、反発しないということでもあり、歪んでいないということでもあります。
だから、物事や愛情が、すーーーっと通る。

素直になれば、愛されて、そして幸せになる！

すなおになれば、
あいされて、
しあわせになる。

これを「す・あ・しの法則」といいます。

素直に受け入れることができて、たくさんの人から愛されて、めいっぱい幸せな人を「すあしな人」といいます。

素足で生きる。

なんだか気持ちよさそうじゃないですか。

めんどくさい殻《から》から抜け出し、シンプルに身軽になって素足で生きる。つまり、これが天国思考です。

「今日も、天国で過ごしましょう」

「今日も、ご機嫌で過ごしましょう」

素足でいれば、いつも天国です。


ある知り合いの女性が、こんな面白いことを言いました。

「うちの旦那は、器《うつわ》がちっちゃいんですよ」

「はい？」

「だから、ちょっとしたことで喜んじゃって、もう器がすぐにあふれちゃうんです」

それを聞いて、僕は「ああー、素敵だなぁ」と思いました。
そんな人になりたいなと思いました。
自分の器に入らない喜びは、人にあげることだってできます。
今日はどれくらいの時間、天国にいられるかな。

住み心地のいい天国思考

天国思考は、地獄思考の真逆を考えてみるとわかります。

・自分は素晴らしいと、自分を「肯定」できる。
・みんなのおかげ、と「感謝」できる。
・素晴らしい出来事、学ぶことばかりだと「謙虚」に思える。
・自分の行動に「責任」を持てる。
・私は「愛されている」と実感できる。

・他人の価値観、言動を「認め、許せる」。
・みんなの成功を願って、応援や協力を「与え」られる。
・自分の弱さやダメなところを「認め」られる。
・あなたも私も正しいと「認め」合える。

まさに天国と地獄ほどの違いがあるんですね。

「天国思考」に変わると、嫌いな人や、イヤな出来事が減り、嬉しい出来事やありがたい言葉が増えます。

感謝することも、されることも増え、人にやさしくなれる。思いやる余裕もあるので、イヤなことも許せます。

いつも心が満たされて、楽しいことを満喫し、誰に強制されることもなく、自分の意思で行動できる。

人の評価を恐れず、自分軸で生きられるので、自信がわいてくる。

自分の弱さを隠す必要がなく、人間味があふれ、人を素直に応援できる。

そして人の成功や幸せを心から祝福できる。

こんないいことばかり、感謝ばかりの暮らしが味わえるのです。

自分は愛されている、認められている、たくさん満たされていると思えるから、人に喜んでもらえることや、応援することも、やさしくすることもできる。

だから仕事でも商売でも人間関係でも恋愛でも、どんどん人に「与える」行動ができるようになるのです。

与えることで、またたくさんのお返しが来て、さらにあなたは満たされていくという幸せのスパイラルです。

もちろん、イヤなことやつらいこと、悲しいこともあるでしょう。

でも、天国思考でいると、それらの感情を味わうことができ、充実した人生が送れるようになるのです。

あなたは天国思考か地獄思考か、次のページからはじまる「チェックシート」で確認してみてください。

これは、天国思考だからいいとか、地獄思考だから悪いという判断ではありません。

まず、自分の現状を確認してみる。それがこれからステップを進めていくうえで、とても大切なのです。

あまり深く考えずに、正直にいまの自分を振り返ってみましょう。

自分が「地獄思考だなぁ」と感じている人、諦めないでください。

天国思考を知って、自分の未来と可能性を拓《ひら》いてください。

僕がいままでの人生をかけて、やっと見つけた秘密の方法があります（笑）。

それを順にお伝えしていきます。

あなたは地獄と天国、どっちの住人？
チェックシート

このチェックシートを使って、いま自分がどの世界に住んでいるのかを確認してみてください。
左側が不足・競争、不安、怒りの世界で、
右側が満足、分かち合い、安心、楽しみ、優しさの世界です。
いい悪いを判断しないで、まずは自分の現状を把握してみましょう。

左右にきっちり分けなくても大丈夫です。
真ん中や、右寄り、左寄りと、曖昧なポイントにチェックしてみてください。

1 どんな友人が多いですか

足を引っ張り合う・愚痴を言い合う ←・・・・+・・・・→ 助け合う・分かち合う・磨き合う

2 困難な状況になったとき、どんな言動をしますか

できない理由を言う ←・・・・+・・・・→ できる方法を考える

3 あなたの日常の基本の態度はどちらでしょう

怒る・無視・冷めている・拗ねている ←・・・・+・・・・→ 優しい・温かい・好奇心旺盛・素直

4 自分のことをどう扱っていますか

自己否定 ←・・・・+・・・・→ 自己肯定

5 いつも感じていることは

不安 ←・・・・+・・・・→ 安心

6 やりたいこと、目標の質は

野心 ←・・・・+・・・・→ 志・夢

7 仕事に対する感じ方は

やらなくちゃ ←・・・・+・・・・→ やりたい

8 パートナーとの関係はどうですか

求め合う・奪いあう・寄りかかる ←・・・・+・・・・→ 分かち合う・与えあう・支え合う

9 他人との関係は、いつもどんなとらえ方でしょう

争う・比べる ←・・・・+・・・・→ 協力する・尊重する

10 あなたの基本のマインドはどちらですか

奪う感じ ←・・・・+・・・・→ 与える感じ

11 もうひとつ、基本のマインドはどちらでしょう

不足・欠乏感が多い ←・・・・+・・・・→ 充実・満足感が多い

12 ものの見方は、どちらにいつも注目していますか

ないものに目が行く ←・・・・+・・・・→ あるものに気づける

13 いつもの気持ちのあり方はどちらですか

不満・不平 ←・・・・+・・・・→ 感謝

14 夢はありますか

ない ←・・・・+・・・・→ ある

15 **もし夢があるとしたら、どちらの感じですか**

安心したい、落ち着きたい感じ ←・・・・+・・・・→ 楽しいこと、先に進みたい感じ

16 **自分について**

嫌い・嫌いなところがある ←・・・・+・・・・→ 好き・嫌いなところもどちらもＯＫ

17 **行動のエネルギーはどちらが多いですか**

反骨・怒り ←・・・・+・・・・→ 愛情・優しさ

18 **困難に出合った時、どんな心境になりますか**

すぐにあきらめる ←・・・・+・・・・→ 挑戦してみる

19 **他人のミスに対して、あなたの態度はどちらですか**

裁く ←・・・・+・・・・→ 許す

20 **目の前の出来事を見る視点はどちらですか**

過去を悔む ←・・・・+・・・・→ 未来へ希望

21 **周りの人に対する心の状態はどんな感じですか**

閉鎖している ←・・・・+・・・・→ 開放している

22 **他人の成功を聞いたら、どんな感じがしますか**

嫉妬・否定 ←・・・・+・・・・→ 応援・賞賛

23 他人の意見や生き方と自分を比べますか

比べる ←・・・・+・・・・→ My Way

24 周囲の人との付き合い方は

孤立している感じ ←・・・・+・・・・→ 仲間を大切にしている

25 何かがうまくいったときに感じることは

自分のおかげ（過信）←・・・・+・・・・→ おかげさまで（感謝）

26 失敗したとき、いつもの考え方はどちら

他人や自分を責める ←・・・・+・・・・→ 次に活かそうとする

27 お金の使い方はどちらが多いですか

消費 ←・・・・+・・・・→ 投資

28 未来に対する考え方は

期待する ←・・・・+・・・・→ 希望をもつ

29 目下の人（部下や子ども）に対して、どんな態度をとっていますか

つい批難してしまう ←・・・・+・・・・→ 褒めて育てる

30 自分より未熟だと感じる人に対して、どう接しますか

バカにする ←・・・・+・・・・→ 助ける

31 **人を見るときの癖として、どちらが多いでしょう**

あら探し ←・・・・＋・・・・→ 良いところが見える

32 **いつもの心の状態はどんな感じですか**

孤独・さびしい ←・・・・＋・・・・→ 仲間がいる・楽しい

33 **喜怒哀楽の感情が湧いたとき、どうしていますか**

出さない ←・・・・＋・・・・→ 出せる

34 **身の周りによく起こる出来事はどちらが多いと感じますか**

理不尽なこと ←・・・・＋・・・・→ ありがたいこと

35 **自分の発言はどちらが多いでしょう**

建前 ←・・・・＋・・・・→ 本音

36 **怖いときによく行う行動はどちらでしょう**

逃げる・調子を合わせる ←・・・・＋・・・・→ 勇気で立ち向かう

37 **あなたにとって「失敗」とはどんなものですか**

恥ずかしいこと ←・・・・＋・・・・→ 楽しめる・笑えること

38 **あなたの口癖は、どちらが多いですか**

「どうせ」「でも」「それはおかしい」 ←・・・・＋・・・・→ 「やってみよう」「それもあるね」

39 **自分の価値はあると思いますか**

ないと思う ←・・・・+・・・・→ たくさんある

40 **あなたの姿勢は自立的でしょうか、依存的でしょうか**

依存的・対立的 ←・・・・+・・・・→ 自立的

41 **あなたは、いつもどんな態度で過ごしていますか**

暗い・排他的 ←・・・・+・・・・→ 明るい・受容的

42 **自分の意見があるとき、どうすることが多いですか**

言わずに飲み込む ←・・・・+・・・・→ 伝える

43 **多くの場合、どんな心の状態ですか**

焦り・不安 ←・・・・+・・・・→ 落ち着き・安心

44 **他人からの批難を受けたとき、どんな対応をしますか**

激しく反応する ←・・・・+・・・・→ 笑って受けとめる

45 **親との関係はどうですか**

仲が悪い・ぎこちない・依存的 ←・・・・+・・・・→ 仲がいい・お互いに自立・尊重

いかがでしたか？
左側が多いと感じた方に、ひとつだけ注意点です。
「左側だからダメだ」、「右側に行かなければ」と思う必要はありません。
左側が多いと感じたら「ああ左が多いんだ」と感じてみてください。
まずはそこからです。

では、どうすれば右側に行けるのか、その方法がこの本に書いてあります。
是非、あなたの答えを探してみてくださいね。

第2章

心の中が見えてくる！
魔法の方程式

魔法の方程式を使って、考え方のクセを見つけてみませんか？

「え？　私、拗ねていたってこと？」

実は、素子さんは少しずつ気づいていました。でも認めたくなかった。

「だって、私は悪くないもの」

「どうせ、私は好かれていないから……」

また「だって」「どうせ」とつぶやいています。

この地獄思考はもう長い間の習慣になってしまっているので、変わろう、やめようと思ってもなかなか簡単にはできません。

ほかの人が気にならないことでも、素子さんはすぐに傷ついて悩んでしまうので、いつもめんどくさい問題や悩みでいっぱいです。

ものの見方は人それぞれです。ということは、素子さんは問題や悩みを作りやすい考え方をしているといえます。

素子さんは、ものごとをどうとらえているのでしょうか？

めんどくさい女を作ってしまう地獄思考、つまり事実を歪めてしまう地獄思考がどうやってできるのかがわかれば、解決の糸口が見つかるかもしれません。

そこで！　どうしたら問題や悩みができるのか、そのとき心のなかではなにが起きているのかが、簡単にわかる魔法の方程式があります。

この方程式に当てはめてみると、素子さんのものごとの考え方、つまり地獄思考ができあがる仕組みが一目でわかります。

同時に、どうしたら天国思考を持つことができるのかも、一目瞭然です。


あなたはどうでしょうか。

魔法の方程式で、あなたの心のなかをのぞいてみませんか？

心のクセ、考え方のクセを見つけたら、周りの見え方がガラっと変わるかもしれませんよ！

「めんどくさい女」の方程式

素子さんが嘆いています。

「私、また上司に無視されたんです……」


さて、いったいなにがあったのでしょうか。

素子さんが「上司に無視された」と、同僚の愛子さんに相談すると、愛子さんは、「そういえば、さっき通り過ぎて行ったけど……」と、様子を思い返しています。

「目も合わせてくれないんだよ。私なにかしたのかな」

「そんなふうに見えないけど？」

「やっぱり、あのときのミスがまだ影響してるんだわ。まだ怒ってるなんて、なんて執念深い人なんだろ！」

おっと、雲行きがあやしくなってきました。

まずは、次の式をご覧ください。

$$5 \times x = 5x$$

遠い昔（笑）、数学で習いましたよね。あれをちょっと思い出してみてください。

数字に「x」をかけたものが、答え。これはわかりますよね。

今度は、数字のかわりに、「出来事」をかけてみます。「出来事」とは、いままさに目の前で起きている「事実」です。

今回の場合は「上司が通り過ぎた」ですね。

その「出来事」に「x」をかけたら、「出来事x」という答えが出てきました。

この答えを「私だけの現実」といいます。この場合は「素子だけの現実」ですね。


人はみんな、物事を見たり聞いたりするときに、必ずこの方程式に当てはめています。

「出来事」は誰にとっても変わりませんから、「x」になにを入れるかによって、「私

出来事 × x = 出来事 x
= 私だけの現実

だけの現実」という答えが変わってくるというわけです。

この場合は、「素子だけの現実」が、「上司に無視された」という答えでした。

この答えは、素子さんにとって、「問題」だったり、「イヤなこと」だと感じています。つまり「マイナスな出来事」と受け取っていました。

では、愛子さんの場合、この方程式はどうでしょうか。

愛子さんは、「上司が通り過ぎた」ということを、イヤなこととは受け取らず、そのままに受け取っていますから、「出来事」と答えである「愛子だけの現実」は同じということになります。

さて、ここで「x」とはなにか、それを知る必要があります。

数学の苦手な人（僕）でも、この「x」になにを入れるかによって、「私だけの現実」が変化することはおわかりいただけると思います。

この「x」を「自分の思い込み、偏見」といいます。

本来は、ただの「上司が通り過ぎた」という出来事のはずが、素子さんの世界では「無視された」になってしまった。

たとえば、この「x」が、数字の1だったら、つまりなんの偏見もなく出来事を見ていたら、愛子さんのように、「出来事」と「愛子だけの現実」という答えは、同じになるはずです。

ところが、この「x」に「マイナス」を当てはめるとどうでしょう。

今回の出来事でいうと、素子さんは「上司が通り過ぎた」という「出来事」に、「マイナスx」をかけた結果、「無視された」という、素子さんにとっての問題や悩みが答えとして導き出されました。

では、素子さんはどんな「マイナスx」をかけたのでしょうか。

私は嫌われているという思い込みから、「私を嫌っている」というマイナスをかけてしまったのです。

この「x」が「マイナス1」ぐらいだとまだ「ちょっと拗ねた」ぐらいですが、これが「マイナス10」とか「マイナス100」とかになると、もう大変ですね（笑）。

数字の大きさは、思いの深さと考えるとわかりやすいでしょう。「めんどくさい女」の場合は、思い込みの深さ。「すあしの女」の場合は、愛情の深さということになります。

心の「答え」が見えてくる！

この式を使うと、「あなただけの現実」という答えが見えてきます。つまり、あなたが現実をどう見ているかという「見え方」がわかります。

たとえば、「出来事」を、「同僚が小さな声で話している」としましょう。

あなたはxになにを入れますか？

「めんどくさい女」の方程式

出来事 × $-x$（マイナス） ＝ $-x$（マイナス）の出来事
＝ あなたの問題や悩み

たとえば…

「飲みに行こう！」× 私は嫌われてる ＝ ほかにいなかったんでしょ

その結果、どんな答えが出てくるでしょう。

愛子さんは、「x」に1を入れて、出来事をありのままに受けとめました。そうすると、答え「愛子だけの現実」は、「ただ小さな声で話している」となります。

素子さんはすべての出来事に「私は嫌われている」というマイナスをかけるので、答えは「きっと私の悪口を言っている」という「マイナスの現実」ができあがります。

マイナスをかけてばかりいると、どんどんマイナスが大きくなってきて、自分の周りは「マイナスな出来事」ばかりになってしまいます。

「素子、飲みに行こう！」という誘いに、「私は嫌われている」というマイナスをかけると、「ほかに相手がいなかったんでしょ」という「素子だけの現実」が生まれます。

「素子、愛しているよ」という言葉に、「私は嫌われている」というマイナスをかけると、「口ばっかり」という「素子だけの現実」が生まれます。

「素子さんって、すごい」という褒め言葉に、「私はダメだ」というマイナスをかけると、「あの人のほうがすごいもん」という「素子だけの現実」が生まれます。

そして、どんどん「自分はダメだ」「嫌われている」という思いが加速してしまうのです。

まるで、わざわざ自分に問題を作り続ける「問題製造機」です。


つまり、「めんどくさい女」の方程式は、目の前の出来事に、マイナスをかけて、マイナスの出来事、問題や悩みという答えを出し続けるということがわかります。

ということは、出来事は変わらなくても、「マイナス」を「プラス」に変えるだけで、身の周りがすべて「プラスの出来事」に変わるということでもあります。

頑張ってプラスにできなくても、せめて「1」ぐらいに受けとめられたら、いまより気楽になりませんか？

「すあしの女」の方程式

出来事　×　＋《プラス》x　＝　＋《プラス》xの出来事
＝　喜びや楽しみ、たくさんの愛

たとえば…

ひそひそ話　×　私は素晴らしい　＝　私を褒めている！

いっぽう、「すあしの女」はどんな方程式でしょう。自分にも他人にも素直になれて、誰からも愛されるから幸せな「すあしの女」は、心が満たされているので、たくさんのプラスをかけるのではないでしょうか。

さきほどの「ひそひそ話」という「出来事」にも、たくさんの愛をかけるでしょう。その結果、「私のことを褒めている」という「答え」が出てくるのです。

どうですか、幸せでしょ（笑）。

ある意味、とてもおめでたい人です。でも、「すあしの女」は、自分が他人からどう見られているかなんて気になりません。だから、いつでもゴキゲンでいられるのです。

いつもゴキゲンでいると、さらに幸せがたくさん集まってくるんですね。

心のセキュリティを解除する

「出来事」という現実は、地獄思考の人が思っているより、もっと簡単です。もっと悪気がなく、もっとやさしい。もっと楽しいし、もっと愛にあふれています。でも地獄思考でいると、そういう現実が見えないので、心が傷つかないようにセキュリティを強くして自分を守ろうとしてしまいます。

すると、いい情報も受け取れなくなったり、怖くて人間関係をすぐに切ってしまったりもします。

また、セキュリティソフトを入れ過ぎたパソコンは、そのセキュリティ自体でメモリの容量を占めてしまうので、そのパソコン本来のパフォーマンスを発揮できません。人の場合も同じです。傷つくことを恐れてセキュリティを強くすることで、その人本来の能力、才能、パフォーマンスを抑え込んでしまいます。

この方程式の「x」になにを当てはめるか、いろいろ想像してみてください。

素子さんが、もし「x」に「プラス５」を入れたらどうなるのか。

そう、想像してみるだけで、「出来事x」はプラスに変わるのです。

先ほどの「ひそひそ話」から、「マイナス」をとっただけでどうなるでしょう。

すると、「私の悪口を言っている」ではなく、「最近、私便秘なんだけど、なにかいい方法ないかなー」などと言っている現実が、見えてくるのです。

どっちがケンカを売ったか？

素子さんの彼が言いました。
彼「美味しいラーメン食べたいね、どこか知らない？」
素子「じゃ、幸屋っていうラーメン屋さんに行こうよ」
彼「おっ、いいねー！」
素子「どう、美味しそうでしょ」

彼　「なんか、少なくない？」
素子「……」
彼　「どうしたの？」
素子「なんでいつも、そんなケチばっかりつけるの？」
彼　「え⁉　なにも言ってないでしょ」
素子「だって、美味しくないって言ったよね。なんでいつも私のお勧めのものを、そうやってけなすの⁉」
彼　「美味しくないなんて言ってないじゃないか、『少なくない？』って感想を言っただけでしょ。だいたい、素子だって俺にいつも文句言うじゃない」
素子「言ってないわよ！　私はいつもガマンしてるのよ」
彼　「不満があるなら、ちゃんと言えばいいでしょ」
素子「どうしていつもそうやって私のことばかり責めるの！」
彼　「責めてないよ！」
素子「ほら、またそうやって大きな声出すのやめてよ、もういや‼」

さて、彼と素子さんとどちらが先にケンカを売ったでしょう。

文章の一部を次のように変えてみると、答えがよくわかります。途中を少しだけ「と、感じた」をつけ加えてみます。

素子「……」
彼　「どうしたの？」
素子「なんでいつも、そんなケチばっかりつけるの？（と、感じた）」
彼　「え⁉　なにも言ってないでしょ」
素子「だって、美味しくないって言ったよね。なんでいつも私のお勧めのものを、そうやってけなすの⁉（と、感じた）」

はい。正解は、素子さんでしたね。

彼が言うように、彼は「少ない」という「感想」を言っただけです。それを素子さんは「自分の連れて行った店が不満なんだ」と「言われたように感じた」のです。

つまり、素子さんが勝手にズキッとして、カチンときて、言い返したことでケンカを吹っかけてしまったのです。

でも、素子さんは「責められた」と感じてしまったのも、事実です。

素子さんの頭のなかでは「私はつまらない」「私はダメ」というマイナスの「x」がいつも響いているのかもしれません。だから、「お前の提案は、いつもつまらないよね」と受け取ってしまうのです。

いっぽう、彼は、責めたつもりなど毛頭なくて、「少ないよね」「そうね、男の人は大盛りにすればちょうどよかったかもね。なにか追加で注文しようか?」なんていう、楽しい会話を期待していたのかもしれません。

それが、不意に彼女に「攻撃」されて、驚いて守備態勢・反撃態勢に入らざるを得なかった。それだけのことです。

ケンカはこうやって起こります。攻撃されたと「感じた」ところからはじまります。

「バカにされた」

「割り込まれた」

「無視された」

相手の何気ない言動を、「悪く受け取った」から、攻撃する。そして反撃される。

そもそも誰も悪意はないのに。

楽しくキャッチボールしていたつもりが、いきなりドッヂボールに変わってしまうようなものです。

これを「反応」といいます。

反応とは、外部からの刺激を受けて、内部で変化が起きることです。目覚ましが鳴って、びっくりした。寒い風が吹きつけて、体が縮こまった。嘘をつかれて、悲しくなった。怒鳴られて、悔しかった。これらは全部反応です。

この反応は、人によって違います。目覚ましが鳴っても起きない人もいれば、寒い風が吹いても「気持ちいい」と言う人もいます。嘘をつかれても「うんうん」と笑える人や、怒鳴られても、どこ吹く風の人もいます。

そして、「自分のなかで勝手に起こるもの」だということを知っておくと、いままで「攻撃された」と思っていたものが「攻撃されていると思っていただけだった」ということがわかってきます。

つまり、「人は自分の感じたことを表現しているだけなんだ」ということがわかると、人には「悪意がない」ということもわかってきて、イライラが減ってきます。

キーワードは「勝手に反応している」ということ。ここに気づくことが、「めんどくさい女」を卒業するための大きな一歩です。

「青い貝殻」だけの砂浜は、あるか？

「でも、どう考えても、やっぱりひどいと思う。あんな言い方しなくてもいいじゃない……」

と素子さんはまだ納得がいきません。

「じゃあ、私が悪いって言うんですか⁉　私悪くないもん」

そう、素子さんは間違っていません。

彼女の言い分も正しいのです。でも、このパターンが続くのもけっこう苦しい。イヤな気分になってしまいます。

私たちの身の周りには、いろんな出来事が起こります。

楽しい出来事も、不幸な出来事も、イタい出来事も起こります。でも、「x」になにを入れるかで、全然違う受け取り方ができるということがわかりました。

誰かになにかを言われて、「悪口を言われた」と気分を悪くする人もいれば、「え、あれ悪口だったの⁉」と笑える人もいます。

大きなけがをして、「なんて不幸なんだ」と嘆く人もいれば、「生きててよかった」と喜ぶ人もいます。

とらえ方でこんなにも違う！

目の前でたまたま起こった出来事にたいし、どんな「x」を入れるか。

マイナスを入れて、不幸にとらえ×《バツ》をつけるか。

プラスを入れて、幸福にとらえ◯《マル》をつけるか。

教訓ととらえて△《サンカク》をつけるか。

はたまたやり過ごして、覚えてもいないか。

「x」になにを入れるか、そしてどうとらえるかは、人の数だけあります。

どうして人によって、こんなにとらえ方が違うのでしょうか。

その原因はまず、大きく2つの過程があります。

ひとつは、子どもの頃から教えられたり感じたりしてきたことが、あなたのとらえ方の基本を作っているということ。たとえば、

「ものごとはいいことなんてない、悪いことばかりだよ」と×を教えられた。

「ものごとは、よく考えると幸せだよ」と○を教えられた。

「出来事を教訓として自分を磨くんだよ」と△を教えられた。

「そんなことにはこだわらなくていいんだよ」と教えられた。

もしくは、大人の言動を見ていて、肯定的にとらえるほうがいい、または否定的に考えるほうがいいと、たまたま自分で感じ取った。

という具合です。

そしてもうひとつは、子どもの頃に経験した出来事や、大人や友達に言われた言葉を、どのように受け取って対応してきたかということがあります。それがとらえ方の基本を作っている場合もあります。

たとえば、次のような出来事があったとします。

・「お前はまだまだだな」と親に言われた。
・友達にからかわれた。

これらの出来事は、「たまたま」起こった（言われた）出来事ですが、それを悪い意味に受け取ると次のようになります。

・親はたまたま褒めなかっただけ。なのに「自分はダメなんだ」と受け取った。
・友達は、たまたまからかってただけ。なのに「いじめられた」と受け取った。

そのときあなたが「なんでいじめたの？」「どうして褒めてくれないの？」と、理由をきちんと親や友達に聞いてたら、また違うとらえ方ができたかもしれません。

でももし、相手に確かめることもなく、「私のどこが悪かったんだろう」と、長い間、自分に質問し続けると、どうなると思いますか？

そう、自分の「悪いところ探し」をはじめます。

なにかイヤな出来事があると、

「私のここが悪いから」

「私があんなこと言ったから」

「私があんなことしなければ」

……と、自分のよくないところを探しはじめます。

そうなると、出来事のすべてが、「お前が悪いんだよ」「お前のせいだ」と言われているように思え、その「証拠集め」ばかりする人生になってしまうのです。

「お前は嫌われてるんだよ」「お前はダメなんだよ」「お前は不幸なんだ」「お前は話を聞いてもらえないやつなんだ」ということを示す証拠を、自分のなかに見つけようとするのです。要するに、

・私の言い方が悪いから、相手をすぐ怒らせるんだ。
・私が暗いから、みんな離れていくんだ。
・私の存在自体が、人に迷惑をかけてるんだ。
・私の耳の形が悪いから、きっと嫌われるんだ（おいおい、笑）。

そして現実にそういう出来事があると、「やっぱりね、証拠見つけた」という具合です。

でも、あなたが「証拠」に思うことって、自分がそう思っているだけのこと。つまり勘違い、思い込みです。

それはまるで、広大な砂浜のなかから、わざわざ青い貝殻だけを探し出して、「この砂浜は、青い貝殻ばかりだわ」と嘆くようなもの。

「出来事」という砂浜のなかから、勘違いや思い込みばかりを探し出して、私は「できない子」「嫌われている子」とわざわざ思い込んでいるということです。

でも、それがめんどくさい人の現実であり、地獄思考のもののとらえ方なのです。

「勘違い」の気づき方

私たちはふだん、自分だけの「考え方」のなかで生きています。言ってみれば、たくさんの勘違いのなかで生きています。勘違いに気づかないから、めんどくさい状況が生まれます。

まず自分の常識や世間の常識、社会の当たり前などに、「あ、自分は勘違いして思い込んでいるだけかもしれない」と気にしてみてください。

「それは、本当⁉」「これって、ホントにそうなのかな？」と、自分にも相手にも、聞いてみてください。

思い込んでいるときによく出てくる言葉があります。もしこの言葉をたくさん使っていたら、そんなときは要注意です。

「ほら」「やっぱり」

・「ほら、やっぱり思った通りだ」

・「やっぱりうまくいった」

「きっと」「ぜったい」「〜は、〜だ」

・「きっとあの人は私のことを嫌っているんだ」

・「そうよ、ぜったいよ！」

なんて言うときは、７００％ぐらい思い込みです。もしこんな言葉が口から飛び出したときは、

「そうじゃないかもしれない」

「もしそうじゃないとしたら……」

と、自問自答してみてください。

たとえば、「きっとあの人は、私のことをバカにしているんだわ」とあなたが感じたとします。そのときここで、

「そうじゃないかもしれない」

「もし、そうじゃないとしたら……」

こうして一度立ち止まってから、次の言葉を言ってみてください。

「ただ、私がそう感じただけ」

・ただ、私がバカにされたと感じただけなんだ。

・ただ、あの人は自慢したいだけなんだ。
・ただ、あの人は、誰にでもあんなことを言うんだ。

これは、その人をバカにしたり、自分を卑下するというのではなく、事実を事実として見るということです。

方程式の「x」に、マイナスをかけて「めんどくさい女」になる前に、「ただ、私がそう感じただけ」と言ってみる。こうしてマイナスを抜いてみましょう。

すると、すべての現実が変わって見えてくるのがわかります。

第3章

めんどくさい「勘違い」から抜け出す!

悩みの原因「勘違い」とサヨナラしたくないですか？

素子さんは自分のいままでを振り返り、方程式の「x」に、なにを入れていたのかを考えてみました。答えはすぐに出ました。

それは「どうせ私はかわいがられない」という思いでした。

だから、褒められてもやさしくされても「いまのうちだけだわ」「おだてるだけ」「あの子のことも褒めてたし」と、素直に喜べなかったのです。

でもやっぱり注目してほしくて、でもそんなこと言いたくなくて、彼女なりに必死にアピールするしかなかったのです。

そして、認められるよう結果を残すこと、「すごいね」って言われること、それだけを求めて頑張ってきた。でも、認めてもらえなかった。

これまでに、素子さんは自分が「x」に勝手にマイナスを入れて、どんどん問題を作って複雑にしていることがわかりました。

「でも……」と素子さんは考え込みます。

「xにプラスを入れる人もいるのに、なんで私はマイナスばっかり入れてしまうんだろう」

どうして拗ねてしまうんだろう？　どうして素直になれないんだろう？

実はここには、多くの場合「勘違い」が存在しています。「勘違い」「思い込み」とは、つまり事実と違うということです。人の記憶は、ものすごく曖昧《あいまい》です。言われたこと、されたこと、こだわっていることなどは思い込みに過ぎず、真実ではない場合が多いのです。

どうしてそんな勘違いが生まれたのか？　そもそも、なにが勘違いなのか？　そして、どうしたら勘違いが解消されるのかをここでは紹介していきます。

もし、自分が信じてきたものが「勘違い」だったとしたら、いままでの人生はなんだったの⁉　ということもあるかもしれません。

でもそれは残念なお知らせではありません。その勘違いを知ることで、自分がなにに拗ねているのか、なにに怒っているのか、なににこだわっているのかがわかるのですから。

「よく見せよう」という勘違い

人前で話すのは苦手という人も、僕のカウンセリングにお越しになります。一対一だと話せるけれど、多人数になると黙ってしまうという人や、その逆の人もおられます。

先日数えてみたら、僕は年間で延べ113日もセミナーを行っていたことに気づきました。どれだけ話すのが好きやねんってことですが（笑）。

僕はあるときを境に、人前で話すことに抵抗がなくなりました。もちろんゼロではありません。

人が多いときは、それだけでパワーに圧倒されてしまうこともあります。また、講演でジョークがすべったときは、急に緊張するときもあります（笑）。

では、なぜ緊張しなくなったかというと、それは「よく見せよう」とするのをやめたからです。

「よく見せよう」というのは、結局、なにかというと、実力以上に自分を大きく見せようというときであったり、失敗して恥をかきたくない、笑われたくない、バカにされたくないという心理が働いているときではないでしょうか。もしかしたら「嘘をつこうとしている」状態かもしれませんね。

そんなときは、最大の防御・攻撃態勢をとっています。戦闘態勢に入っています。ダメだと思っている自分を隠すために、一段と力が入ってしまっているということ。緊張したときはアドレナリンがたっぷり出るので、生物学的に考えてもこうなる仕組みなのでしょう。

これは人とのコミュニケーションにおいても同じです。

自分をよく見せたい、いい人に見られたい、デキる人だと思われたい、楽しい人だと思われたい。つまり「本当の自分を知られたくない」というときは、防御態勢・攻撃態勢をとってしまうということです。

ということは残念なことに、本当の自分は「いい人じゃなくて」「できなくて」「楽しくない人」だと自覚しているということになるんですよね。

やせている人は、「やせて見られたい」と、縦じまの服を着たりしません。

縦じまの服を着る人は、「自分は太っている」と自覚している人です。では、「いい人に見られたい人」と思っている人は……。

そう「いい人じゃないと自覚している人」ですね（笑）。

もちろん、自分を大きくして大きくして、ハッタリかけて、大きな風呂敷を広げて、ほんとにその通りになっていくのも、これもまた楽しいです。

ただ、それが「自分を隠すため」にやるのか、夢を実現するためにやるのか、自分を成長させるためにやるのか、それとも、自分を隠すための「怖れ」でやるのかによって、結果は大きく変わるのかもしれません。僕は両方やってたなぁ……。

・笑われてはいけない
・バカにされてはいけない
・なめられてはいけない
・つまらないと思われてはいけない

という「いけない」思いで人と接していました。それが勘違いして逆のことをしていたんだと気づくのに、何十年もかかってしまいました。いけてないやつですね。「いけない」ではなく、「いい」で接することで、僕の人間関係は大きく変わりました。

・笑われてもいい
・バカにされてもいい
・退屈させてもいい
・なめられてもいい
・カミカミでもいい
・すべってもいい

これを「いい人生」と言います（笑）。

僕はこの「いい」状態で人前に出られるようになったときに、自分の「緊張」が終わりました。本当の自分を隠すのをやめた状態ですね。

素《す》の自分、ダメな自分、できない自分。そんな知られたくない、隠しておきたい自分を認めたとき、そして「それでいいや」と思えたとき、きっと世界が変わるのでしょう。

「うまく話そう」ではなく、とにかく、自分の伝えたいことをちゃんと伝えたい。その思いがきっと話の上手、下手に関係なく伝わるのかもしれません。

本当にすごい人は、すごい人だと思われようとしない。いい人は、いい人だと思われようとしない。できる人は、できる人に見られようとは思わないのです。

誰かが言ってた。

「すごい人」より「素敵な人」がいいなって。

と言いつつ、やっぱりスベるのは楽しくないですから、頑張って話したいと思います（笑）。

「能力詐称」という勘違い

年齢詐称、経歴詐称、サイズ詐称（笑）、いろんな詐称がありますが、本当の自分を知られたくないという気持ちがあると、つい「能力詐称」をしてしまいますよね（僕だけ？・）。

・ゴルフのスコアをちょいと減らしてみたり。

・体重を２kg減らして、身長を５㎜増やしてみたり。

・自分の能力をそれ以上によく見せようとしたり。

・本当は腹黒いのに、いい人を演じてみたり。

・ホントは文句がいっぱいあるのに、言わずに笑ってみたり。

そうやって、ちょいちょいダメな自分、邪悪な自分を隠そうとします。まぁ、かわいいウソの範囲ですが。

「詐称」しようとするのは、自分がその部分をダメだと思っていたり、恥ずかしがったりしているからです。

自分で自分に×《バツ》をつけて裁《さば》いているからですね。いつかはばれるのに（笑）。

「不快にさせたくない」という勘違い

僕のセミナーには、精神科に通院中の人もいらっしゃいます。本当に病気の人もおられますし、病気だと「思っている」人や、病気だと「言われた」人もいます。

そんな人たちと話していて、ひとつ共通点が浮かんできました。

それは、みなさんとても言葉が丁寧だということです。

きちんと丁寧な言葉で話されます。それは、相手が初対面の僕だからということではありません。上司や目上の人はもちろん、同僚や部下、年下の人にも丁寧な言葉で話されます。

もちろん、年下や同僚には乱暴に話せばよいということではなく、その丁寧な言葉を使う「理由」が問題だということです。

丁寧な言葉で話すことが好き、美しいと思っている場合は問題ないのですが、鬱《うつ》になってしまった人や、コミュニケーションが苦手な人は、「丁寧に話さないと怖い」

と感じている人が多いということです。

そう、怖い。

だから、気のおけない関係でも、本音が言えない。仲のいい人でもニックネームや呼び捨てで呼んだり、タメ口で話したりすることができない。

つまり、丁寧な言葉を「言いたい」のではなく、平易な言葉を「使えない」ところに怖れがあるのです。これは、

「いかに相手を不快にさせないか」

「いかに相手を怒らせないか」

というところにすべての焦点が集まっているからです。これは「その人を傷つけたくない」のではなく、「自分が傷つけられたくない」という怖れです。

ですから、当然ながら人とのコミュニケーションは常に一定の距離を保ち、ネガティヴな本音は言わないように心がけます。

「私は怒っている」「これはイヤ」「悲しい」「できない」なんていう言葉は、口が裂けても言えません。

思っているのに。

本当は思っているのに。

すごい思っているのに（笑）。


口に出して言えないから、心のなかに「本音」という黒い感情がどんどん溜まっていきます。この状態を「腹黒い」と言います。

そういったネガティヴな本音や思いがどんどん溜まってくると、やがて熱を持って発酵して「臭《くさ》いにおい」を放ちはじめます。そして、自分の内側から立ち上るにおいに包まれた暮らしがはじまります。目の前に素敵な出来事があっても臭い。

すると、ニコニコ笑顔の人を見ても、

「あの人もきっと腹のなかでは、ひどいことを思っているんだ」

「きっとあの人は、ほんとは怒っているんだ」

と、「人は自分と同じように腹黒いんだ」と思いはじめてしまうのです。

そしてますます空気を読んだり、機嫌を伺《うかが》うようになります。そして、身近に不機嫌な人がいると「きっとあの人は私のことを怒っているんだ」と思い込みはじめます。

そうしてますます本音が言えなくなって、ますます腹黒くなっていきます。

やがては、本音やネガティヴな感情だけでなく、楽しいとか嬉しいというポジティヴな感情さえも言わなくなる、言えなくなっていきます。

それを見ている周りの人は、きっとあなたのことを、「なにを考えてるかわからない人」「心を開いてくれない人」って感じて離れはじめるでしょう。

つまり「不快にさせたくない」という思いが、逆の結果を招いてしまってる、ということですね。

「不幸に囲まれている」という勘違い

めんどくさい人は、ときにはわざわざ不幸な人を作り上げます。自分の周りの人を不幸にする方法を2つ挙げるとしたら、ひとつ目は「私がいないとダメだ」と、すべての仕事を引き受けたり、かいがいしく世話をして頑張ること。

「この仕事は、やっぱり私がいないとダメね」

「あなたには私がいないとダメね」

「私がいないと、みんななにもできないんだから！」

そう言って、実は「私」が「ダメな人」を作り出しているのです。

周りの人の自立する能力を、自分がわざわざ奪っている、ということです。

こういう人は、人の世話を焼くことで自分の存在理由を見つけているので、周りに「世話を焼かせる人」を集めます。

そして、彼らに向かって「世話が焼ける」「なにもできない」と言って、怒ったりしているのです。


そして2つ目は、「許せない」と言い続けることです。そうすることで「自分は正しい」「自分は間違っていない」ということを確認し、納得しています。本当は自分というものに自信がないからなのかもしれません。だから、自分の周りに「間違っている人」を集めてきて、「やっぱり自分が正しいんだ」と確認しているのです。

ひどいときには周りにいる人に、間違ったことを「わざわざさせる」ケースもあります。

素子「和美さんは、いつも仕事が遅いよね」
愛子「え、そうなの？　私はそんなふうに感じないけど」
素子「だって、いつも期限守らなくて、おかげで私が怒られてばかり」
愛子「そうなんだ……（私はそうは思わないけど）」

素子さんにとっては、和美さんは「仕事の遅い人」「ルーズな人」と映っていますが、愛子さんにはそう見えないようです。

愛子さんの言葉を聞いて、素子さんは思いました。
「やっぱり和美さんは、私のときだけ仕事を適当にやってるんだわ。許せない！」

はい、素子さんの周りに「許せない人」ができあがりました。
さらに、素子さんが言っている「やっぱり」もクセモノです。
「私のことを軽く扱っているんだわ」＝「私はバカにされている」と思い込んでいるということ。

素子さんは、この「バカにされている」を感じたくて、和美さんを「使った」可能性があるのです。自分は「バカにされる人間だ」ということを「確認」したくて……。とても不思議な出来事ですが、僕のカウンセリング例のなかには、実はこういったケースが少なくありません。

どちらにしても、めんどくさい女は、問題を作り上げ複雑にしてしまうのです。その証拠に、その人たちはめんどくさい人にだけ、ダメで許せないことをするのです。

「正義感」という勘違い

素子さんは言いました。

「私、やっぱり和美さんのあの態度、社会人として許せないわ」

素子さんは一見、正義感があるように見えますが、本当はどうでしょうか。

人は一度失敗したり、イヤな体験をすると臆病になります。そして、同じ失敗をして傷つきたくないので、「ある価値観（考え方）」を作って、自分を守ろうとします。

それが「～すべき」「～すべきでない」という「正しさ」の価値観です。

この考え方でいると、「自分は正しくて、あの人が間違っている」と、相手を変えようとしてしまうのです。


また、自分のことを受け入れてもらえなかった、拒絶されたと感じたときは、傷ついた自分を守るために、その人の悪いところを探し出して、非難したりします。ちょうど誰かに告白して振られたとき、「あんな人、大したことないわよね」と言って、自分を納得させるような（笑）。


もしあなたが、誰かから「あなたは間違っている」と言われたら、どんな気分になるでしょう。おそらく、いやーな気分になるのではないでしょうか。

場合によっては、「そういうあなただって！」と反撃に出るかもしれませんし、とりあえず、なにも言わずにその場を去るということもあるでしょう。

だって、そんなイヤな気分を味わいたくないですからね。

「正しさ」を主張すると、結果的にこのように人を遠ざけてしまうことになります。
そして、「私は正しいことを言っているのに、どうしてみんないなくなっちゃうの？」「私はちゃんとやってるのに……」と、悲しみや怒りを感じてしまうことになります。

「私は正しい」「あなたは間違っている」と人を非難することは、「正義の剣」を持って、周りの人を傷つけるということ。ときには、「私のほうが正しい」と言い出す人と、「正しい戦争」を永遠に続けることにもなります。

ですから、この戦いを終わらせることが、心の平安につながります。

「だって、私は間違ってないもん！」

そうですよね。それは、それでいいのです。そして、「あの人も、間違ってないんだ」ということ。

あの人には、あの人の正しさがあり、あの人には、あの人の「そうする理由と都合」がある。だから、あの人も、正しい。

どちらも正しい。ただ、「違う」だけ。

もう「正義の剣」を振りまわして、わざわざ孤独になるのは終わりにしましょう。もう、そんなに必死に自分を守らなくていいですよ。あなたも正しいのですから。

「そうなんだ」

つい正しさを主張したくなったとき、こうつぶやいてみてください。とっても心が落ち着きますよ。

「記憶」という勘違い

素子さんが嘆いています。

「私、昔上司に誤解されて、すごく怒られたんです。それ以来、話すのも怖い感じ。嫌われてるから、私の言うことなんて聞いてくれないんです」

過去の出来事をいつまでも引きずってしまう人は、素子さんだけではなく、たくさんいるのではないでしょうか。

このときの素子さんの思考回路は「過去＝未来」になっています。

つまり、過去の体験に基づいて、次もきっとそうなると思い込んでいるということ。

たとえば、

・子どもの頃、親からやさしくしてもらえなかった。

・小学生のとき、いじめられた。

それからずっと、「私は親に受け入れてもらえない」「私は友達にいじめられる」「私はみんなに嫌われるんだ」と思っているとします。

ではこの過去の出来事に、「と、思い込んでいる」とつけ加えてみたらどうでしょう。

あなたは、「本当に」いじめられていたんだろうか？　もしかしたら、友達はただふざけていただけじゃないか？　あなたが一方的にいじめられたと思い込んでいただけじゃないのか、と。

少し考えてみてほしいのです。

本当に、親に受け入れてもらえなかったのだろうか？

もしかしたら、親は忙しくてかまってあげられなかっただけじゃないだろうか。

あなたは、そのときの記憶を「強調」しているだけかもしれません。

一週間前の晩ご飯、覚えてますか？　ここまで読んだ文章、覚えてますか？

きっとなかなか答えられないと思います。記憶ってそのぐらい曖昧《あいまい》です。

人の記憶の特徴として、「なにを言ったか」「なにを見たか」「なにを聞いたか」という具体的なことよりも、「どのように言ったか」という印象のほうが残ります。

「とても楽しかった」「とても怖かった」「とても寒かった」「とても美味しかった」という印象が記憶として残り、言葉や表現や形や色や素材や……といった具体的なことは、まったく覚えていなかったりします。

記憶はそんなに曖昧なものなのに、ひとつのその出来事だけ、そのセリフだけ鮮明に覚えてるって、おかしくないですか？

それは、その出来事を思い出すたびに、より強調して確認しているからです。しかも、出来事やセリフを強調しているのではなく、「イヤだった」「悲しかった」という印象ばかりを強調しているのです。それを、鮮明に覚えている、と感じているのです。

つまり、事実からどんどんかけ離れている可能性が高いということ。

本当はそうじゃないかもしれません。

本当はそうじゃないのに、そう思い込んで、自分は「嫌われる人だ」ということを確認し、目の前の事実を歪めているだけかもしれません。

これを確かめるのに、いい方法があります。それは、その当事者に聞くことです。

「こんなこと言ったでしょ」

「あんなことしたでしょ」

と。

相手は言います。

「知らん」と。

これ、１００％ですよ（笑）。

「セルフイメージ」という勘違い

私たちはみんな自分のことをイメージして「〜な人」だと思っています。これをセルフイメージ（自己認識）と呼びます。

たとえば、「私って素晴らしい人」「私は価値ある人」「私は役に立つ人」「私は金持ち」と思っている人はセルフイメージが高い人です。

逆に、セルフイメージが低い人は「私は魅力がない」「私は能力がない」「私はかわいくない」「私は好かれてない」という「ない」イメージを持っています。

あなたが、もっといいセルフイメージを持ちたい、自分に自信を持ちたいと考えたとき、次のうちどちらに当てはまりますか。

1．いまの自分がダメだから、いいセルフイメージを持ちたい。

2．いまの自分を認めて、さらにセルフイメージを上げていきたい。

この2つは、一見似ているようでまったく別物です。

前者の場合は、いまの自分を嫌って、隠して、世間に認められるための「張りぼて」をせっせと作りはじめてしまいます。

そして、本当の自分を誤魔化《ごまか》すことに全力を注いでしまう。

ところで私たち人間に必要な栄養素も、外から摂取しすぎると、体内で生成できなくなるものがあると聞いたことがあります。

「自分らしさ」も、張りぼてのように外側からくっつけたり集めすぎたりすると、自分のなかから湧きあがる能力や個性が生かされないもしれませんね。

自分の能力や才能を「自分が作ったセルフイメージ」が邪魔している場合もよくあります。

たとえば、自分で「私はなにもできない人」だと思っていると、自分にある能力を自分で封印してしまうということです。

本当は素晴らしい能力や可能性など、よいものをたくさん持っていても、「なにもできない自分」には「ふさわしくない」と判断して、「私にはできない」と無意識に自分の能力を下げてしまっている場合があります。

でもそうやって自分で自分の評価を下げておいて、別の自分らしさや、自信をほかから持ってこようとする。

似合わないと思い込んで、素敵な服を押し入れに隠し、「私は全然服がない」と嘆いているようなもの。さらに似合わないブランド物の服を買いに行って、着飾っているようなものです。服に着られて町を歩いてる、みたいな。

「自分パターン」という勘違い

僕の主宰する「心屋塾」では、受講生のみなさんに「いままでのパターンを崩すことにチャレンジしてみてください」と言っています。

・いつも参加しない懇親会に参加してみる。
・いつもは座らない席に座ってみる。
・いつもは質問しないけどしてみる。

あなたは、いままでにたくさんの選択と決断をしてきたと思いますが、その結果がいまのあなたを取り囲んでいます。そして、あなたがいままでにしてきた選択と決断には、きっとパターンがあります。この「自分パターン」を「考え方の癖」といってもいいでしょう。

もし、この癖が「地獄思考」がベースになっているとしたら……。

僕も、体調が悪いふりをして約束を断ったり、忙しいふりをして集まりに参加しなかったりする「逃げ癖」や、「嫌われたかな」と感じたら、こちらから関係を切ってしまう「切り癖」がありました。

完全に地獄思考でした。そのほうがラクなんですよね、傷つかなくてすむから。

イヤなことを言われたりすると、だんまりをしてしまう「黙り癖」や、収拾がつかなくなると、問題を放り出しちゃう「投げ癖」など、ほかにもいろんな癖があると思います。

いずれにせよ、決断の癖が、いまの自分の現状を作っています。

それらがいいとか悪いとかではなく、その癖を続けてきた結果、いまの自分にとって望ましくない状態にあるなら、その癖を意識して壊していく必要があるのではないでしょうか。

ですから、これからはいろんな場面で、あえて「いままで選択しなかったほうにチャレンジしてみる。

いろんな場面で、いままでの自分には無いパターンを試してみることで、明らかに人生は変わります。

同じパターンを繰り返していると、同じ結果しか手に入りません。

いつも逃げてばかりいると、行きたい方向に行けません。

いつもガマンばかりだと、感覚がマヒしてしまうかもしれません。

いつも苦難を避けてばかりいると、感動のない人生しか味わえませんし、成長もできません。

チャレンジした結果、「よかったねー」「食わず嫌いだったねー」「怖くなかったねー」「人生が変わったねー」なんてこともあるから面白いのです。

もし、自分のいまの結果に満足してないなら、意識してパターンを変えてみてください。

・いつも心配する人は、見守ってみる。
・いつも見守っている人は、たまにはうるさく言ってみる。
・いつも怒る人は、ガマンしてみる。
・いつも怒るのをガマンしてる人は、文句を言ってみる。
・いつも車で動く人は、電車に乗ってみる。
・いつも和食の人は、洋食にしてみる。
・いつもパソコンでメールする人は、手紙を書いてみる。
・いつもガンバっている人は、サボってみる。
・いつも誰かの悪口を言ってる人は、褒めてみる。
・いつも褒めている人は、たまには悪口を言ってみる。
・いつも人の意見を聞かない人は、従ってみる。
・いつも従ってばかりの人は、自分の意見を言ってみる。

一度そうしてみてから、最後は自分が楽しいと思うほうを選んでみればいいと思います。

最初は怖いですよね。自分のパターンは、自分が傷つかないために作り上げたものですから、そのパターンを崩すということは、傷つくことを想像してしまいます。

でも、その「怖がっていること」は、実は幻想なんですよね。

「つもり」という勘違い

素子さんは、和美さんが忙しそうだったので、コピーを手伝ってあげることにしました。

素子「はい、コピーしといたからね」

和美「えー。私、自分でやる予定だったのに！」

素子「せっかく手伝ってあげたのに、そんな言い方ないでしょ」

和美「手伝ってくれなんて言ってないじゃん。このコピー、ただコピーするだけじゃダメなのに」

素子「でも、普通、ありがとうぐらい言わない⁉」
和美「なんで頼んでもいないのに言わないといけないのよ」
素子「……（なんて常識のない人なの‼）」

あの人の「つもり」と、私の「つもり」は違います。

素子さんは和美さんに喜んでもらうつもりが、和美さんはお礼を言わないばかりか、「自分でするつもりだったのに」と、怒られてしまいました。

素子さんが考えた「つもり通り」にはなりませんでした。そして自分の「当たり前」「常識」「やさしさ」を否定されたような気持ちになりました。

人は、他人も自分と同じ「つもり」だと思いがちです。自分にとっては当たり前すぎて、わざわざ確認するということさえ、考えが及びません。

「ふつう集合時間の5分前には来るでしょ」
「ふつう朝はメール見るでしょ」
「ふつう役所に行くなら、ハンコぐらい持って行くでしょ」

こちらは、「こんな常識を、なんでわざわざ言わないといけないのよ」となりますが、でも相手は、「そんな常識は知らない」ということになります。

自分の常識は、自分だけの「法律」です。でも、人それぞれ育ってきた環境が違うので、その法律は他人には適用されないのですが、どうしても、自分の法律で他人を裁《さば》いてしまうことがあります。「それはおかしい！」と。

さらに自分自身がその法律を守れないと、今度は自分で自分を裁くのです。

自分の法律と、他人の法律は違います。許容範囲も考え方も違います。自分にとって許せないことも、他人にとってはどうでもいいことがあります。

「ああ、そう思うんだ」と、一度相手の法律を尊重してみてください。すると、周りの人も、あなたの法律を尊重してくれますよ。

「否定された」という勘違い

素子「こんなところにネイルサロンがあったんだね、珍しいね」

彼　「ネイルサロンなんて、どこにでもあるでしょ」

素子「この街には少ないのよ」
彼　「そうかな、たくさん見るけどね」
素子「そんなことないよ、どこにあるっていうのよ」
彼　「知らないけど、たくさん」
素子「知らないんだったら言わないでよ」
彼　「べつにいいじゃん、そんなにムキにならなくても」
素子「よくないわよ！　ただあたしは『そうだねー』って言ってほしいだけなのに」
彼　「じゃ、素子も俺が『たくさん見るけどね』って言ったとき『そうだね』って言えよ」
素子「だってないんだから、そんなこと言えるわけないじゃん」
彼　「俺だって、あるって思ったから、そう言っただけじゃん」
素子「私は、ネイルサロンはこの街には珍しいと思ったの！」
彼　「俺は、たくさんあるって思ったの！」
素子・彼「なんで『そうだね』って言えないんだよ!!」

素子さんは、自分を「否定された」と感じてしまったことで、途中から「どっちが正しいか」という話になってしまいました。

でも、何度も言うように、彼はただ「自分の思ったこと」「感想」を伝えただけでした。

地獄思考にあると、人の言葉を素直に聞けず、こうやって悪く受け取ることが多くなります。もし「否定された」と感じたら、「いやいや、相手は自分の感想を言っただけかもしれない」と、一度冷静に受けとめてみてください。

怒鳴られたり、怒られたときも同じです。

「あの人は、ただ大きな声になっただけだ」と、受け取ってみる。

その〝場面〟では、なかなかできないこともあるでしょう。そんなときは、あとで冷静に考えてみて下さい。

「不機嫌にしてる」と感じたときも、相手はただ「お腹が痛いのかも」「眠いのかも」「家でなにかあったのかも」と、受け取ってみてはどうでしょう。

これは「自分の言動とは関係がない」と、受け取ってみるということです。

勘違いを生む「反応の種」

これまでの説明で、「地獄思考」は多くの勘違いが原因だということがわかりました。この地獄思考の原因を探すには、「反応の種」を探してみることが効果的です。

目の前に起こった「出来事」にたいして、人は心のなかでさまざまな「反応」が起こります。

たとえば、誰かと話していて、相手が自分に向かって「ふーん」と言ったら、「バカにされた」とか、「興味ないんだ」とか、「私の話はつまらないんだ」などなど。

その反応が、自分にとって好ましくないものだと、悲しくなったり怒りが湧《わ》いたりします。これが「反応」です。

この「反応」は、瞬間です。止める間もないぐらい瞬間的に起こります。この反応をコントロールすることができれば、地獄思考から、めんどくさい女から卒業することができます。

「反応」をコントロールするには、「反応の種」を探し当て、取り除くことです。つまり、自分がいったいなにに反応しているのか、その反応の種を注意深く見つけ出し、そしてそれを取り除くということです。

それにはまず、自分がどんなときに反応するのか、なににカチンと来るのか、どんなとき悲しくなるのか、そして自分が反応したとき、いったい相手の言動の「どの部分」に反応したのだろうか、とよく考えてみるのです。

・言い方がイヤなのか？
・声の大きさがイヤなのか？
・言っている内容がイヤなのか？
・言っている態度がイヤなのか？

すると、自分の反応ポイント、反応パターンがだんだんわかってきます。このパターンに気がつくだけでも、ものの見方や考え方は大きく変わります。

反応は人それぞれで違います。この違いは、反応の種がみんな違うからですが、この反応の種は、どうやってできたのでしょう。

・なにを見て、
・なにを聞いて、
・なにを教えられて、
・なにを体験したか？

おもに子どもの頃の体験が原因となっている場合が多いようです。

たとえば、いたずらしておじちゃんに怒鳴られてすごく怖かったとか、テストの点数が悪いと、お母さんがいつも不機嫌になったとか、迷子になって両親を呼んだけど、声が届かなかったとか、上手に絵が描けたからお父さんに見せたのに、鼻で笑われたとか。

そういった体験が「トラウマ」となり反応の種となりました。そしてよく似た場面に出合うと「フラッシュバック」して、私たちを反応させるのです。

この種を見つけて、取り除く方法はいろいろありますが、「ああ、あの出来事がフラッシュバックしているのかな」と気づくだけで、反応が止まることも多いのです。「なぁんだ、こんなことをいまだに怖がっていたんだ、わはは」となることが多いのです。幽霊の正体を見たら柳だった、みたいな感じですね（え？よけいわからない？）。

過去に縛られてめんどくさくなっているなら、その「縛っている過去」を早めに解き放つことで、素直への第一歩が踏み出せるのです。

第4章

「すあしの女」へレッスン開始!!

素直になって、愛され
幸せになりたくないですか？

素子さんは、自分のなかにたくさんの勘違い、誤解、思い込みがあったことを知りました。

これまでに、たくさんの現実を歪めてきたことがわかりました。

私は「愛されていない」「嫌われている」と思い込んでいたから、すべてを悪意にとらえてしまう癖ができてしまったんだ……。

でも！　と素子さんは思います。

頭では「勘違いだったのかも」とわかっても、悲しいとか悔しいとか、「でも」「だって」という思いはなかなか消えません。

だって、ずっとそうして生きてきたんだもの。そんなすぐには変えられません。

でも、この「勘違いだった」ということに気づいたことは、大きな一歩になるのです。

素子さんを悩ます「でも」「だって」という思いは、地獄思考が原因です。この地獄思考が、ネガティヴな「反応」を作り出すのです。ここでいう反応とは「イラっとする」「嫌い」「腹が立つ」「悲しくなる」そして、「嬉しい」「楽しい」という感情のこと。

いつも嬉しい、楽しい気持ちに包まれていると幸せに過ごせますが、怒りや悲しみの気持ちに振り回されると、問題や悩みが生まれるのです。

つまり、地獄思考から抜け出すためには、まず自分の「考え方」を見直し、なにに反応するのか、ということに気づく必要があります。そして反応をコントロールできれば、いまよりずっとラクに過ごせるのです。

この4章では、自分の反応や考え方から解放されるためのレッスンです。解放されると、もう感情に振り回されなくなります。

さあ、素直で愛される、幸せな女、すあしの女へとステップを開始しましょう!

レッスン1

「反応の種」を探す

記憶を解き放して、自分の可能性を引き出す！

感情をコントロールするひとつの方法は、その感情を作り出している仕組み自体を変えてしまうというものです。

いわば、「心の構造改革やぁー♪」です。

感情は、感情を作り出している反応があって生まれます。だから、感情は反応の結果です。反応にも反応を作り出している「種」があります。

ですから感情を作り出す反応と、その種がある限り、ほしくない感情を生み続けてしまうということ。

この反応の種は、「記憶」にあります。この記憶がある限り、結局はなにも変わらないとも言えます。

その記憶は、心の金庫に入れられ鍵を閉めて、恐怖という警備員にしっかり守られています。

私たちは、金庫に閉じ込めてきた記憶を知ってしまうと、押さえ込んでいた感情が噴き出してしまうことを知っているので、「怖い」「めんどくさい」というヴェールをかけて、そこから遠ざかるように意識してきました。まるでパンドラの箱ですね。パンドラの箱を開けた瞬間、とても苦しいときがあります。でも、せいぜい数分です。

それが終わると、その奥にはあなたの「才能」「希望」「可能性」「自由」「喜び」という宝物があるのです。

その宝物を手に、新たに人生を進みはじめると、どんな障害も、どんな敵も破って突き進めます。

その金庫の鍵を開けるためには、パスワードがあります。心の金庫の鍵を解く、パスワード。それを見つけるための質問は、

「私は　なにを　そんなに　怖がっているんだろう」

この質問によって出てきた答えに、あなたの人生が変わるヒントが隠されています。

あなたはなにを怖がっていますか？

どんなことを怖れて、自分の感情を閉じ込めていましたか？

記憶をたどってみてください。

素子さんは、人に嫌われるのを怖がっていました。否定されて、嫌われて、自分からみんな離れていってしまうことを怖がっていました。

たとえば、小さい頃にいじめられたという記憶や、親にかわいがってもらえなかったという記憶が、いつの間にか素子さんのなかに反応の種を作ってしまったのです。

なにに怖がっているか。

そのパスワードを見つけられた人は、心の金庫の鍵を開けることができます。

素子さんのパンドラの箱は「嫌われたくない」という鍵がかかっています。その鍵をはずすには、それを受け入れればいいのです。

「私は、嫌われてもいい」

というように。このパスワードで鍵は開くのです。

受け入れられれば、もう「すあしの女」の誕生です。

自分がいったいなにに反応しているのか、反応の種を探すことは、とても大事なことです。その反応の種がある限り、自分を悩ませるイヤな感情に振り回され続けてしまうのですから。

反応は、自分自身を「見つめる」ことで、抜け出すことができるのです。自分自身を見つめ、反応の種を探し、それを植え替える。

これが反応から抜け出す方法です。それだけのことです。

レッスン２　反応を「力技」で変える

新しい習慣を作る

次は、感情をコントロールするための反復練習です。自分が反応したことにたいして、反応するたびに、なにに反応したのか、どうして反応したのか自分の心に聞いてみましょう。そして反応しないよう「力技」で、反応を止める練習です。

この過程は人によって違いますが、だいたい次のように進行します。

素子さんの例を参考にして、何度も何度も自分に問いかけてチャレンジしてみましょう。反応の癖を変え、新しい習慣を作るということです。

素子さんの場合

1. 上司に話しかけたら、無視された。
2. 反応して怒ってしまった。悲しんでしまった。
3. 「なにに怒ってしまったんだろう」と反応の種を考えてみた。
(自分が否定されたように感じたから?)
4. 次は反応しないようにしようと思った。
5. 上司から書類を「やり直し」と命じられた。
6. また反応して怒ってしまった。悲しくなった。
7. また反応の種を探してみた。
(否定されたように聞こえて悲しかったから?)

8. 次は反応しないようにしようと思った。
9. 上司が笑いながら話しかけてきた。
10. また反応して悲しくなった。
11. 反応の種を探してみた。
（バカにされたと感じたから？）
12. また上司の言動に反応した。
13. 怒るのをガマンしてみたが、できなかった。
14. 次は頑張ろうと思った。
15. また反応した。
16. 怒るのをガマンしてみたら、今度はできた。
17. 次もやってみようと思った。
18. また反応した。
19. 怒るのをガマンしたら、またできた。
20. 次もやってみようと思った。
21. また反応した。

22. 反応していることに気づいたけど、怒らなくてもいいかと思えた。
23. また反応した。
24. ついまた怒ってしまった。
25. 次は反応しないようにしようと思った。
26. でもまた反応した。
27. 反応したけど、怒らずにすんだ。
28. また反応した。
29. 反応に気づいて止められた。
30. 反応した。
31. 反応したけど、怒らずにすんだ。まだまだだなと思った。
32. 反応したけど、怒らずにすんだ。
33. 反応しなかった。
34. 自分を褒めてみた。
35. 結局、なんだったんだろうと考えてみた。
36. たまたま新しい出会いや気づきがあった。

37. なんだ、そうだったのか！　と新鮮な発見に目からウロコが落ちた。
38. もう反応しなかった。
39. もう反応しなかった。
40. なんだったか忘れた（笑）。

さて、いかがでしょう。
反応をコントロールできるようになると、新しい出会いや発見に気づくことがあります。それは自分が変わっていくということ。そしてそのうち、なにに反応していたのかも忘れていたりするのです。

自分は相手の言動のなにに反応したんだろうと、よく考えてみましょう。すると、自分の反応のポイントがわかります。たとえば、

・嫌われたと思ったときに、反応した。
・バカにされたと思ったときに、反応した。
・攻撃されたと思ったときに、反応した。

・自分には価値がないと思ったときに、反応した。

繰り返し行われる反応は、長年かかって作り上げた習慣というプログラムです。癖です。癖は簡単に治りません。だから、気をつけて気をつけて、力技で直していくことも必要なのです。

どうしてそういう反応をするようになったのでしょうか。これは、過去を探って幼い頃を思い出すとわかります。

「きっと、あの出来事のせいかしら?」

なんとなく自分のなかで「アタリ」がつきませんか?

このアタリが正しければ、もうその反応から抜け出すことができます。過去の出来事がただフラッシュバックしているだけだとわかったからです。

アタリがはずれていたら、同じ反応は続きますので、違うアタリを探ってみてください。

こうして反応の種を探り当てることができます。

昔のことが思い出せないときは、目の前のことに取り組んでいきましょう。

レッスン3
制限をはずして、考え方の癖を変える
「思い込み」から解放される！

感情をコントロールする方法の３つめは、「考え方を変える」ということです。これは自分の制限をはずす、自分の常識を広げるという意味です。

前にも話しましたが、考え方を変えようと思ってもなかなかできないのは、「考え方を変えようと思っても、なかなかできないという考え方」があるからです（笑）。

考え方って、ころっと変わります。

モノの見方も人の見方も、変わるときは一瞬で変わります。考え方が変わると、感情が変わります。

たとえばこんな経験はないですか？

ふだん悪いことばかりしている少年が、人助けをしている場面を目撃したとたん、その日から、その少年にたいする見方がころっと変わったりしたこと。

いままでは、その少年のやることはなにを見ても問題視してきたのに、まったく違うやさしい一面を見たときから、今度は少年がなにをしてても、「あれはやさしさなんだ」「あれは照れ隠しなんだ」なんていう見方に変わったりします。

少年は変わっていないのに。目の前の出来事は変わっていないのに。

この場合の「考え方」とは、価値観、信念、信じ込み、考え癖、否定癖、自虐癖などといわれる「ものごとのとらえ方」です。

とらえ方は生まれもった先天的なものと、経験からできあがる後天的なものがありますが、大半が後天的なもので、つまり「誰かからもらったもの」です。別の表現をすれば、思い込みです。

思い込みとは、「ある出来事を、勝手にそう受け取った」ということです。

・親から注意された。↓　私のことを嫌いなんだ、と受け取った。
・親が大きな声でケンカしていた。↓　私が原因なんだ、と受け取った。
・先生や友達が、私を笑った。↓　私をバカにした、と受け取った。
・親が妹ばかりひいきする。↓　私がかわいくないからだ、と受け取った。

すべて、思い込みです。

思い込みなんかじゃないよ!!　と言う人もいるかもしれません。でも、本当にそうでしょうか？

誰にも真実を聞かずに、勝手に「きっとそうなんだ」と思っていませんでしたか？

この思い込み消すためのキーワードがあります。

「それは　ほんとう（事実）　ですか？」

このひと言で、あなたの考え方が変わることもあるのです。

「私はかわいくないんだ」「私は嫌われているんだ」という考え方をしていると、みんなの言動がすべてそれを証明するように見えてきます。

ところが「それは　ほんとう（事実）　だろうか？」と自分に問いかけてみることで、「そうじゃないよ」という現実を体験することができます。

いままで「私はかわいくない」と思っていたのが、実は「そうじゃないよ、かわいいよ」と思いはじめることができたら、人生は簡単に変わります。

レッスン4
選択の自由を手に入れる
なりたい自分に変わる！

心理学の世界では「否定命令」というものがあります。

たとえば、あなたに猫をイメージしてほしいと思ったら、こう言えばいいのです。

「猫をイメージしないでください」

「ニャーと鳴く猫をイメージしないでください」

「しなやかに、高いところから飛び降りる猫をイメージしないでください」

「体の色が3色の三毛猫を想像しないでください」

「手で触ると、ふわふわさらさらした猫をイメージしないでください」

と、イメージしてほしいことを、「しないでください」と伝えるのです。すると、言われた人は、どんどんくっきりとイメージしてしまうんですね。

同じように、私たちも「あの人のようになりたくない」と思うと、その人のようになります。

たとえば、「自分は親のようにはならない」と強く思う人ほど、気がつけば、親のようになってしまっている。

おかしいなぁ、あんなになりたくないと思っていたのに。

あんなふうにはなりたくない、あんなふうにはなりたくない……と、じっと親を観察し続けているんですね。

そして「あんなふう」のイメージを、ずっと頭のなかで描き続けています。

「両親のような夫婦にはなりたくない」と、ずっと「なりたくない両親」をイメージして、イメージが鮮明になって、そして両親のようになります。


では、どうすればいいかというと、逆をすればいいのです。

否定しているものを「許可」する、ということです。

「私は、親のようになってもいい」と言ってみる。

いままでずっと、「あんなふうになりたくない」と、自分で選択肢を制限して、とっても不自由になっていたんですね。

だから、不自由から解放されるために、「逆のこと」を言ってみればいいのです。


「私は、親のように価値観を押しつけてもいい」

「私は、親のように片づけができなくてもいい」

「私は、親のように口が悪くてもいい」


すごく抵抗がありますよね。

当然です、思いっきり嫌ってきたことですから。

これは、過去の自分やダメな自分になりたくない、戻りたくないと頑張っている場合も同じです。「逆のこと」を言えばいいのです。

「私は、弱くてもいい」

「私は、言いなりになってもいい」

「私は、大事にされなくてもいい」

「私は、のけ者にされてもいい」

「そうなってもいい」と自分に許可を出すことで、「そうなってもいいし、ならなくてもいい」と、はじめて「自分でどちらかを選ぶこと」ができるようになるのです。

ダメな自分、いい自分のどちらの自分にも、〇《マル》をつけてあげる。

そのうえで、自分にとって好ましいほうを選べばいいのです。


そして大切なことをもうひとつ。

「そうなりたくない」のであれば、「どうなりたいのか」を考えるのです。

たとえば、「親のように乱暴な言い方をしない」と否定するのではなく、「やさしくなる」と肯定的に考えてみる。

「弱いのはイヤ」ではなく「強くなりたい」と言ってみる。

「大事にされないのはイヤ」ではなく「愛されたい」と言ってみる。

「のけ者にされたくない」ではなく「友達がたくさんほしい」と言ってみる。

あなたは、どうなりたくないですか。

そして、どうなりたいですか。

レッスン5

「どうせ」の世界から抜け出す

「ダメ」じゃない自分に気づく！

めんどくさい女がよく使う代表的な言葉のひとつは、「どうせ」です。

・どうせ、私はかわいくない。
・どうせ、私は嫌われてる。
・どうせ、私の話は誰も聞いてくれない。
・どうせ、私にはできない。
・どうせ、私は認めてもらえない。
・どうせ、私はいても仕方ない。

この言葉が出てしまうのは、自己卑下、つまり低い自己評価が原因です。

「どうせ」の世界に住んでいると、すべてが歪んで見えます。

みんな自分に冷たいように思えたり、バカにされているように感じたり、また自分にはできないようなことばかりが目に映ります。

いつから「どうせ」の世界の住人になってしまったのでしょう。

多くの場合、子どもの頃に、「どうせの道」「めんどくさい道」を選んでしまったようです。たとえば両親や先生、友達から、

「だからあなたはダメなのよ」

「あなたはホントにかわいくないよ」

「あの子のほうがよくできるのに」

「なんでこんな簡単なこと間違えるの」

「あなたがいるから、離婚できないのよ」

「あなたのこと嫌い」

そう言われた結果、あなたは「私はダメなんだ」と思い込み、低い自己評価しか自分に与えられなくなりました。

でもそれは周りから「もらったもの」であり、本当の自分自身ではありません。

ただの思い込みに過ぎなかったのかも。まず、あなたはダメじゃないし、あなたの評価は本当は低くないということに気づくことです。そうしてはじめて、ありのままの自分を認めることができます。

そのことを疑ってみるだけでも、自分のなかにある大きな可能性と自信が生まれてきませんか。

レッスン6 ムダな抵抗はしない
「諦める」ことで、素直になれる！

素子さんは、ここまでのレッスンを終えて深くため息をつきました。

「ダメじゃないって言われても、やっぱり自分に自信がない。失敗したらすぐにヘコんじゃうし、なにか言われたらすぐ悩んじゃうし……」

素子さんと同じように感じた人は、たくさんいるのではないでしょうか。

弱い私、できない私、自信がない私。めんどくさい女は、これを「ダメ」だとジャッジしています。だから、そんな自分を人に見られたくないし、知られたくないから見栄を張ったり攻撃的になったり、逆に消極的になる。自己防衛ですね。

思いきって「ダメでいーじゃん」と、ダメだと思っている自分を認めて、隠しもしないし恥ずかしいとも思わないようになれたら、「すあしの女」のできあがりです。

素直になるために、愛されて幸せに生きるために大切なのは、ダメだと思っている自分を認めることです。

隠すこと、つまりよく見せようとすることは、本当の自分を偽《いつわ》ることです。つまり、ウソをつくことですね。そこにはただならぬパワーを使います。

いつか本当の自分がばれるんじゃないかという恐怖におびえて、自分を守るために、ウソつきに手が抜けない。自衛隊女です（笑）。

まず、自分が思っているダメな部分を「諦《あきら》める」ことです。

「諦める」とは、なにもかも投げ出すということではありません。本当の自分を認めるということです。「ムダな抵抗はしない」ということ。

「どうせ私はこんな女なのよ」と投げやりになるのとは違います。これはただの居直りですね。諦めてから、頑張る。諦めてから、「諦めないで、頑張る」こと。知られてもいいや、こんな自分でいいや、と開き直って隠さないということが大切なのです。

弱さを知っている人が、強さを出せる。
弱さを認めた人が、人にやさしくなれる。
弱さを認めた人が、人の話を素直に聞ける。
自分のダメを知っている人が、人に助けてもらえる。
自分のダメを知っている人が、謙虚になれる。
そう思いませんか？

弱くてもいい。
ダメでもいい。

レッスン7 タブーを許可する
執着から解放されて、自由になれる！

ネガティヴにばかり考えている人が、積極的に行動してみることで、考え方が変わることもあります。

無理だと思っていたことでも、ダメモトでやってみることで、ポジティヴに考えられるようになったりする。

こんなことを言ったら嫌われると思っていたことを、勇気を出して言ってみたら、いい結果が出た。そしたら「あれ⁉　言ってもいいんだ」と思いますよね。

いままでタブーと思っていたことが、「いいんだ」という許可に変わると、ガラっと考え方が変わることもあるのです。

問題は、あなたのなかにあります。答えもあなたのなかにしかない。そして、

「問題は、いちばん嫌っているもの（タブー）が引き起こす」

「答えは、いちばん嫌っているもの（タブー）のなかにある」

タブーを許可する、受け入れる、認めることで、問題は消滅します。タブーを許可することって、ある意味、人生が変わるぐらい大きなことです。だから、人生が変わるんですけどね（笑）。

もしかしたら、いままで頑張ってきた苦労が、水の泡になることもあるかもしれません。

でもそれは水の泡にして流してしまったほうが、実は自由になれるということ。

自由に生きている人ほど、タブーが少ないのです。

・「これが正しい」と限定するのではなく、「どれもいい」

・「これが間違っている」と責めるのではなく、「どれも間違っていない」

・「失敗してはいけない」と怖れるのではなく、「どんどん失敗しよう」

・「許してはいけない」と縛るのではなく、「許してやろう」

・「嫌われてはいけない」とおびえるのではなく、「嫌われてもいい」

・「ちゃんとしなければいけない」と厳しくするのではなく、「ちゃんとしなくてもいい」

タブーの世界は、すべてが「いけない」という×《バツ》の世界。いけないことばかりを体験する「地獄」です。

それに比べて自由の世界は、すべてが「いい」という〇《マル》の世界です。いいことばかり体験できる「天国」です。

レッスン8 欠乏感を埋める
拗ねている自分に「与えて」いく！

人をなかなか褒められない人がいます。人を褒めるって、相手に喜んでもらういちばん身近なギフトなのに、それがなかなかできない人がいます。

どうして褒められないのでしょうか。それは、自分が「持ってない」と思っているから。

持っていない??

そう、私は持ってない。いえ、「もらってない」

「もらってないから、持っていない」

褒めてもらってない。認めてもらってない。だから、人のことも褒められないし、認められない。持ってないから、なにもあげられない。

そう思い込んでいます。

だから、人に「あげる」前に、まず自分が「ほしい」。もっと褒めてほしい、もっと認めてほしい。もっと、もっと。

「私は別に褒めてほしくないわ」「人から認められなくてもいい」という人もいます。これも実は、褒めてほしいということ。でも、手に入らないから、拗ねて諦めてしまったんですね。

本当は褒めてほしいし、認めてほしかった。でも、そうしてもらえないと諦めてしまった。

「私は、もらってないもん。もらうどころか、ひどいことされたもん。本当は、たくさん褒めてほしかったんだもん」

この思いを引きずっていると、ずっとずっと「欠乏感」が続きます。

これを、まず埋める。「私はなにも持っていない」という欠乏感から抜け出しましょう。

もらえなかったものは、もうもらえません（笑）。

だから、自分で自分に与えていくのです。そうやって、まずは自分が幸せになる。

そのためのいちばんの近道が、親と仲良くなること。パートナーと仲良くなること、認めることです。

なぜかというと、これが「すあしの女」の大きな共通点なのです。

私たちは、どう転んでも親からできています。親からもらった遺伝子という設計図を基に作られています。

その親のことを否定しているということは、自分を作りあげている設計図を否定することにもつながるのです。そうなると、自分のこと全否定ですよね。

だから親のことを認めること、許すこと、仲良くなること。これがいちばん近道なのです。

でもいちばん難しく感じる人も多いでしょうね。もちろん、それができないと素直になれない、幸せになれないかというと、そんなことはないのかもしれません。でも、素直になれない原因の多くは、親にたいして愛してくれなかったという「拗ね」が原因です。「優しくしてくれなかった」「無視された」「ひどいことされた」という思いがある。

その結果、「私は愛されない人なんだ」と思い込んでしまった可能性があるということです。

たとえそれが、99回褒めてくれた親が、たった1回忙しくて褒めてあげられなかったという経験だったとしても、「勘違い拗ね」を引きずって、欠乏感につながっていることがとても多いのです。

少しずつ欠乏感を自分で満たしていきましょう。

まず、自分には「ある」「持っている」と思ってみましょう。ずっと「ない」「持ってない」と思っていた人にとっては、いきなりそう思うことは難しいでしょう。そんなときは、「かも」をつけて、少しずつ「思ってみよう」ということからはじめると、きっと「そうなんだ」という現実が見えてきます。

・お金も、ある（かも）。
・時間も、ある（かも）。
・余裕も、ある（かも）。
・愛情も、ある（かも）。
・魅力も、ある（かも）。
・能力も、ある（かも）。
・つながりも、ある（かも）。
・価値も、ある（かも）。
・健康も、ある（かも）。

そう思ってみる。つぶやいてみる。

そうして欠乏感がなくなれば、今度は人に与えられますよね。たくさん人を褒められますし、たくさんの愛情を与えることもできます。

私はあんなことされた、いままでなにもいいことなんかなかったという恨みや悲しみは、あなたの周りに映し出されて、そういう悲しい人ばかりを集めてしまいます。

あなたがいい人に囲まれたい、いい状況を引き寄せたいと思ったら、あなたのなかに幸せややさしさを作っていくことです。


そうか、本当はやさしくしてほしかったんだ。

冷たくされたと感じて悲しかっただけで、本当は大好きだったんだ。

ああ、さびしかったなぁ。

ああ、悲しかったなぁ。

で、おわり。

もう、親の代わりに自分の寂しさを埋めてくれる人を求めるのはやめよう。


僕の友人のさくちゃんが、面白い日記を書いていました。

神さまは「ＹＥＳ」しか言わない、と。

おー、神さまだけに、「イエス」なんだーと思いましたが（笑）。

「ない」と思っていると、神さまは「イエス」と言います。

「ある」「あるかも」と思っていても、神さまは「イエス」と言います。

だって、神さまはきっと否定しないもんね。

「私は魅力がないのかなあ」「イエス」

「私は魅力があるのかなあ」「イエス」

さて、どっちをやってみるほうが、いいこと起こるかな。

レッスン9

自分のセルフイメージを知る

セルフイメージを上げて、「すあしの女」になる!

私たちは、自分が持っているセルフイメージにふさわしい行動、ちょうどいい行動をします。

わかりやすく説明すると、セルフイメージとして自分のことを「女性だ」と思っていると、トイレもお風呂も女性用に入ります。振る舞いも、服装も、髪型も女性を意識します。

「私はアイドルだ」と思っていると、人前ではトイレに行かないし、鼻もかまないでしょう。

自分が役に立つ人だと思っていると、多くの人の役に立つ仕事を選びます。

自分が素晴らしい人だと思っていると、そんな自分にふさわしい、ちょうどいい家に住み、ちょうどいい服装をします。

同じように、自分をダメな人だと思っていると、自分の力を発揮できない仕事に就きますし、似合わない服やカバンを持ってしまうでしょう。

ということは、いま自分が住んでいる家や部屋、いま自分が働いている職場、自分のパートナー、自分の車、自分のバッグ、自分の振る舞い、自分の能力、自分の周りの人たち……。それらがいまのあなたのセルフイメージを反映している「結果」だということになります。

もちろん、例外もあります。

「ボロは着てても心は錦」とかね（笑）。

よく周りを見てみてください。あなたはどんなものに囲まれていますか？　それがいまのあなたのセルフイメージです。

つまり、自分の周りを見てみると、自分がどういう人かということがわかってきます。

ということは、ですよ。

自分の言葉を変え、住む場所や職場をよく見渡して改善し、怖がらずに自分の力を発揮することで、セルフイメージも上がっていくということ。

セルフイメージが上がるように、いままでの言動パターンを変えてみることも、「すあしの女」になることにつながります。

「素直な私なら、どんな髪型だろう」

「愛されている私なら、どんな服装をするだろう」

「幸せな私なら、どんなふうに人に接するだろう」

「自信のある私なら、どんな声を出し、どんな表情をするだろう」

お金の使いかたひとつとっても、それまでは食事にお金をかけてきたけれども、自分への投資、自分を磨くことにお金を使ってみるとか。逆に自分を磨くことばかり考えていたのなら、少し遊ぶ時間を大切にしてみるとか。

ニワトリが先か、たまごが先か。セルフイメージが先か、なりたい自分が先か。いえ、どっちからでも変えられます。

大切なのは、いままでのパターンから抜け出すということ。これは「意思」の力です。まず、「抜け出そう」と決意することです。

自分の弱さを隠して、幸せなふりをすると、セルフイメージは落ちていきます。逆に自分の弱さを認めて、幸せな振る舞いをすると、セルフイメージが上がっていきます。

同じ「幸せのふり」をするにしても、隠すか、さらけ出すか。その前提が違うだけで、結果は大きく変わります。

前者は、なにかを隠すための「怖れ」による行動で、後者は、「楽しみ」の行動だからです。

あなたは、どちらを選びますか。

僕は、後者を選ぶように意識しはじめた頃から、人生が大きく動き出しました。

と言いつつ、ついつい前者をやってしまうこともあります（笑）。

いや、多いです（汗）。

さて、自分が無意識にやっているいつものあの行動、どんなふうに変えていこうか。

レッスン10 人に借りを作る

弱さを認めることが、感謝とやさしさの秘訣！

人に「貸し」の多い人は、偉そうにします。

お金を友達に貸している人は、「早く返せよ」と高飛車に言えます（笑）。

貸し、とひと言でいっても、それはお金だけでなく、「行為」や「許し」も貸しに含まれます。

いっぽう、「借り」の多い人は、人にやさしくなります。

お金を借りている人は、「困っているとき、助けてくれてありがとう」と言えます。

いつも助けてもらってる。いつも許してもらってる。だから周りの人にたいして感謝の気持ちが生まれ、人にやさしくなれるのです。

会社の社長でも、社員にいっぱい「貸し」ている、つまり、いっぱい「してやってる」と思っている人は、「給料払ってるんだから、これぐらいのことはやって当然」「つべこべ言わずにやれ」と、とても傲慢《ごうまん》になるかもしれません。そんな人はさらに「こんなにしてやったのに」と感謝を要求します。

社員にいつも「助けてもらっている」と思っている社長とでは、社内の雰囲気も社員の態度も大きく違うことでしょう。

「自分はすごい」「自分はできる」と勘違いしている人や、さらにそれが自分の実力だと思っている人は、みんなに助けてもらえません。

それにたいして、自分はまだまだ未熟ものだから、みんなの助けが必要だと、自分の「弱さ」を認めている人は、感謝を忘れません。

だからよけいにいつもみんなに助けてもらえる。そしてまた「ありがたい」と感謝できます。

自分の弱さを認めていることが、人にやさしくできるコツかもしれませんね。

僕はずっと前者で生きていました。「こんなにやってあげたのに」ってずっと思っていました。しんどかったなぁ。

いまもまだそんな感覚がひょこひょこと顔を出すので、まだまだ練習中です。これもけっこう楽しいものです。

まるで少しずつゴルフが上手になるように。まるで少しずつ料理が上手になるように。

レッスン11
「地獄」の単位を取る
感情を味わい尽くしてこそ「すあしの女」が誕生する！

「天国思考」の世界に到達するためには、「地獄思考」の世界を順番に通らないといけません。

地獄は苦しい世界ではなく、一つひとつ味わい、学びながら通過する場所です。学校でいえば、一つひとつ必須単位を取っていくようなもの。

学校の勉強でも、なかなかできなかったこと、覚えられなかったことがあったでしょ。でもクリアできたら、いま役に立っているものが実に多いわけです。

お買い物ができるのも、自転車に乗れるのも、こうやって本が読めるのも、そのおかげです。

そうやって単位を一つひとつ、味わいながら進んでいく。

・悲しみの単位
・悔しさの単位
・不平の単位
・嫉妬の単位
・不満の単位
・裏切りの単位

一つひとつ、進んでいく。

・見放される単位

・無視される単位
・苦しみの単位
・みじめさの単位
・絶望の単位
・劣等感の単位
さらに、
・欠乏という、餓鬼《がき》の単位
・怒りという、修羅《しゅら》の単位
・欲望という、畜生《ちくしょう》の単位
・罪悪という、地獄の単位
一つひとつ味わって、ちゃんと進んでいく。

味わうことを避けていると、何度でも補習が回ってきます。何度でも。
たとえば悲しみの単位をちゃんと味わうことができなかったら、怒りという補習で返ってくることもあります。

ある意味、これはひとつの手続きです。

ページをめくるように。パズルを埋めるように。プチプチひとつずつ潰すように、ちゃんと味わっていく。

多くの人が途中で進めなくなってしまうのは、特定の単位にいつまでもしがみついて執着しているのが原因です。で、なかなか抜け出せない。

僕もつい最近、おかしな単位にしがみついていることに気づいて、脱出中です(笑)。

これを脱出できると、やっとおめでとう。「めんどくさい女」から卒業です。

卒業すると、いつの間にか素直に、喜びや悲しみを表現することができるでしょう。

素直に人のやさしさを受け入れることができるでしょう。自分のことを愛し、周りの人を愛することによって、たくさんの愛に満ちあふれるでしょう。

そして自分も周りも笑顔で幸せな世界、そんな天国が待っています。

おめでとう。「すあしの女」の誕生です。

第5章

愛に満たされて生きる

いつまでも輝いている私でいたくないですか？

ここまでのレッスンを終えて、素子さんは話してくれました。

「いろいろレッスンをやってみたら、だんだん気持ちがラクになってきました！　いままで人に本心を言ったら、絶対嫌われると思っていたのに、『はっきり言ってくれたほうが助かる』なんて言われて、ビックリしました。

あんなに怖がっていたのに、本当の自分、ダメな自分を知られるのも、なんか平気になってきた（笑）。

しかもね、『あんまり意見を言わないから、なにを考えているのかわからなかった。いつも不機嫌になるか、ニコニコ笑っているだけだったでしょ』なんて言われちゃった。

本当の自分を隠していたつもりが、実はなーんだ、ばれてたんだって思ったらおかしくなっちゃった。

拗ねるのを思い切ってやめてみたら、みんなとってもいい人たちばかりだっていうことに、やっと気づけました。いままで本当は、みんな私にやさしくしてくれてたんですね。そう思ったら、私もどんどん人にやさしくなれる気がして……」

素子さんは、ちょっと言葉をつまらせてしまいました。

これまで素子さんは、「私はどうせ嫌われている」「なにをしてもうまくいかない」と思い込んできたので、必死にそんな自分を誤魔化そうと、いい人を演じてきました。でも、現実はそんな素子さんを受け入れてくれていたということ。ただ、いろんな思い込みが邪魔をして、それに気づかないだけでした。

現実は、素子さんが思っていたよりずっとやさしかった。そのことに気づいて、素子さんは涙が止まらなくなってしまいました。

心のなかに固く張りついていた氷が解けていくようだと話してくれました。

「レッスンをはじめた頃は、苦しかったこともありました。だって私は悪くないってずっと思っていたし、自分ばかり責めているように感じられて、受け入れられなかったんです。

でも、すべては私が幸せな気持ちでいられるためのレッスンだったんですね。拗ねずに素直になるって、わかりはじめた気がします。

周りの出来事や見え方が大きく変わって、自分に自信が出てきました！　まだ信じられないけど、なにかいろんなことができそうな気がします。もっと頑張って天国思考を目指します！　早くこんな地獄思考から抜け出して、すあしの女になってみせます！」

と、素子さんは目を輝かせました。

ところが、実はここに大きな落とし穴があるのです。

それは、このままだと素子さんに、先ほどお話した「否定命令」が作動してしまうということです。

はい、あまり覚えてないですよね（笑）。

「イメージしないでください」と言われると、逆にイメージしてしまうという心理ですね。

「覗《のぞ》かないでください」と言われると、覗きたくなるという心理ですね。地獄はダメだから抜け出さないと！　と思った時点で、地獄を悪いものとして裁いて、排除しようとする否定命令が働きます。否定命令が作動すると……、逆の効果が出る。つまり地獄に「居座り続ける」という結果になるのです。

では、どうすればいいのでしょう。

自分に〇《マル》をあげる

私たちは、いろいろな問題をなかなか手放せずに、めんどくさい女になったり、すあしの女になっったりしますが、なにはともあれ、生きてます（笑）。

今日まで生きてこれたって、それはそれだけでたいしたものだとは思いませんか。みんななにかしら、めんどくさい部分があります。人のことを「めんどくさい～」と言う人も、めんどくさいです（笑）。

いまだに僕も、めんどくさいです。

勝手に拗ねたり、勝手に嫉妬したり、勝手に卑下したり、「どうせ」なんて言ってみたりする「地獄思考」があります。

でも、そんな自分に〇《マル》をつけてあげてください。地獄思考の自分に〇をあげてください。

え⁉　〇じゃないから、〇をあげられない？

その〇をあげられない自分にも、「仕方ないねー」と言いながら、〇をつけてみてください。

最初は、ムリヤリかもしれません。でもそうして、最初は頑張って、意識して、機嫌よく過ごしてみる。機嫌が悪くなっても、頑張って機嫌よくしてみる。

「あ、拗ねてる！」と気づいたら、「素直に、すあしに！」と意識して気持ちのねじれを戻す。

すると、相手に悪意がないことに気づけるのかもしれません。

最初にお話したように、この世には２つの世界があります。

「天国」と「地獄」です。

天国や地獄は、死んでから行くところではありません。いま、生きながら体験するところです。

地獄とは、飢えと欠乏の「餓鬼道」や、欲望の「畜生道」、怒りと争いの「修羅道」、罪悪感の「地獄道」があるといわれています。

地獄は心がいつもいら立っています。

いら立ち、荒れた心が、自分の周りの現実を歪め、さらにいら立たせます。ですから歪んで荒れた現実しか現れません。

そうして、地獄のスパイラルにはまっていきます。

餓鬼道にいる人は、「足りない」「ほしい」という地獄です。「飢え」「足りない」からスタートして、↓手に入れようと頑張り、↓欠乏感が埋まると、↓失う恐怖でまた頑張る……というスパイラル。

畜生道にはまっている人は欲望の世界から抜け出せません。心に穴が空いているから、もらってももらっても満足しない。物欲、食欲、性欲、ギャンブルと深みにはまっていきます。

修羅道とは、怒りと争いの地獄です。ここにはまっている人は、自分が納得のいく結果が得られないと、絶望から逆切れ、怒り……というスパイラルが続きます。このスパイラルにはまった人は、成功してもやがて破滅していくことが多いようです。奪うことしか考えられなくなって、争いや闘いを続けるのです。

地獄道は、罪を償《つぐな》う地獄です。ここにはまっている人は、自分には価値がない、自分の存在自体が罪だと思っているので、周りに不幸な人や悲惨な人を集めてしまいます。そしてそれを自分のせいにして、無力を嘆き続けるのです。

これは全部スタートがおかしいのです。

地獄からスタートするから、地獄に戻ってくるということ（笑）。ということは、飢えと欠乏を埋め、欲望を抑え、怒りと争いを終わらせ、罪悪感を消し去れば……、心が凪《なぎ》になります。

凪になると、水面は鏡のようになります。さっきまでいら立ち、波立っていた現実が、穏やかに輝いて見えるようになります。

目の前で起こっていることはなにも変わらないのに、別世界のように美しく光り輝いて見える。

この世界が天国です。

天国では、スタートが「ある」「満たされている」ことから始まります。

満たされている　↓　だから求めるのではなく、人に与える。人を応援し、過《あやま》ちを許せる。欲望を楽しみに変え、罪悪感を感謝に変えることができる。

すると、人に与え、喜ばれ、そして喜びが返ってくる。そしてまた自分が満たされるという幸せのスパイラルが回り続けます。

天国に行くために必要なことのひとつに、「地獄の単位を取っていく」ということはすでに述べました。つまり、感情を味わい尽くすということです。

地獄とは、実は「マイナスの感情」の場です。ネガティヴでイヤな感情の場です。「あぁ、つらいなぁ」「あぁ、悲しいなぁ」と、味わい尽くす。

そうすることで、はじめて地獄を卒業できるのです。

そして、「めんどくさい女、サイコー!」と言えた瞬間、天国に移動できるのです。

そんな人間らしい人が、僕は好きです。そんなめんどくさい女が、僕は大好きです。

そう、地獄と天国の間にいるのが「人間」です。どちらに行くのもあなた次第。

いまの自分に○をつけてあげたなら、愛してあげたなら、天国という行き先が決まります。

僕もまだまだ、気がつけば地獄のスパイラルにはまっていることがよくあります(笑)。でも、いまはそれを楽しめるようになりました。

恋愛も人間関係もお金も、すべてが幸せにつながる

心が満たされれば、必要以上に求めない。必要以上に愛されようとしない、必要以上に稼ごうとしなくていい、ということになります。

つまり、恋愛も人間関係もお金も幸せも、全部つながっているということ。

心が満たされれば、すべて満たされていきます。不安と怖れのない世界です。

いまの自分に満足し、満たされることで、次のステージに行くことができるのです。

でもこう言うと、「いまの自分に満足してしまったら、成長せずにダメな人間になってしまうんじゃない？」「悩むことが成長につながるのでは？」と考える人もいます。

実はこれも、勘違い、思い込みです。

あなたの将来に必要なことは、あなたにとって最適なときに、最適な課題がやってきますから大丈夫。そのときに悩めばいいのです。

いまを否定して頑張るということは、頑張るほどに「いまのダメな自分」を確認し

続けてしまうことになります。

いまの自分を否定して成長しようとしても、いつまでもいまの自分、ダメな自分が足を引っ張ります。

まず、いまの自分を認めること。いまの自分を許すこと。いまの自分に〇を出すこと。そうしてはじめて次のステージに進めるのです。

いまの自分を「中退」してしまうと、次に進めません。

いまの自分を「卒業」してこそ、めんどくさい女の卒業です。

まずは、いまの自分に満足すること。いまを充実させることです。

「そのままでいいよ〜」

もしあなたの目の前に寂しがっている人がいたら、

「ほっといてごめんねー」

「粗末にしてごめんねー」

「大事にしなくてごめんねー」

「寂しかったねー」

「つらかったねー」

「無理に頑張らなくていいよー」

「無理に人の役に立とうとしなくていいよー」

「そのままでいいよー」

と言って、抱きしめてあげてください。

「このままでいいなんて思えないよ！」って言われたら、「このままでいいよと思えないあなたでいいよー」と言って、抱きしめてあげてください。

その人が、「そうだね、このままでいいんだね」って思えるまで、何度も何度でもそう言って、抱きしめてあげてください。

そう思えたら、そしてその人がいまを受け入れられたら、そのときはじめて人は動き出せます。

いまを避けて先に進もうとしても、過去に引き戻されてしまいます。

「そのままでいい」「ダメでいい」「できなくていい」「かわいくなくていい」「嫌われ

ていい」「バカでいい」……大丈夫、きっといつか、そう思える日が来るから。

なぜなら、目の前の寂しがっている人は、あなたなのですから。

自信は、自分自身にある!

自分自身を輝かせるためには、どういう方法があるでしょう。

自分に似合う色を知り、それを身につけるという方法があります。顔色が映えて美しく見え、それがちょっと自信につながる。自信が出ることで、堂々と街を歩けたり、人と話したりできる。これがあなたの輝きにつながります。

自分の眼の色、髪の色、顔の形、体型……これらを隠そうとするのではなく、自分に授けられたものとして生かしていく。そうすることで、いっそう自分らしさを輝かせることができます。そして自分が本来「持っているもの」に気づくことができます。

これは「制約」や「制限」さえも自分のものということです。

さまざまな制約や制限、もしくは「不利」に見える環境のなかで、工夫して自分らしさを発揮することが、その人の輝きをより高めることになります。

自分に与えられたものをイヤがって、他人のものを羨《うらや》ましがっても、それは自分の人生ではありません。

僕も「あんなライフスタイルをしたいな」と憧れる人もいます。でも、僕に与えられたものは、そういう生き方とはちょいと違います。ですから、いまの自分にできることを精いっぱいやっていこうと思います。

そのためには、何度も言いますが、ありのままの自分、そのままの自分を認めるということ。

言葉を換えるなら、「自分を諦める」「自分の弱さを認める」「自分に期待しない」ということ。

自分を諦め、自分の弱さを認め、自分に期待しなくなると、自分を諦めず、自分の強さが見え、自分の可能性を信じられるようになります。

これはまるでパラドックス（逆説）！　それだけに、気づくのがなかなか難しい。

実際、僕も長い間、実績を作ることや仕事の成果を上げることで、自分の自信を保ってきました。でも、結果が出ないと、とたんに落ち込んでしまいました。つまり、張りぼての自信だったのです。

「よく見せよう」「よく見られたい」「よく見られて嬉しい」「認めてもらえて嬉しい」という張りぼてでした。

・自分はダメなんだ。
・ダメでいこう。
・ダメでもできることをやろう。
・いまの自分にできることをやろう。

そう思えたときから、自分はもうなにも足さなくていい。そんなことがわかったような気がします。

なにも足さなくていいから、いまの自分を大切にできる。いまの自分にできることを頑張る。そして、なによりも楽しむ。それが自分の輝きとなって現れるような気がします。そうすると、どんどん自信があふれてくるのです。

自信とは、もともと自分のなかにある「自分自身」に気づいて、それを育てていくものではないでしょうか。

人にはいろんな面がある

人にはいろんな役割といろんな顔があります。同じ人でも、あるときは母親、あるときは妹、あるときは子ども、あるときは上司。

また、ある人から見れば最愛の人が、ある場面で見れば、許されない存在となる。どんなに非道で嫌われている上司でも、家に帰れば子煩悩《こぼんのう》な親かもしれない。

月は丸い。でも、見る日、見る角度によって、半円にも、三日月にも、真黒にも見える。

いまあなたが接しているあの人も、あなたの角度から見ると、真黒かもしれない。でも、逆から見ると、素晴らしい満月。

いろいろな面があって、ひとりの人。

自分も、もちろんそう。ある人には、とろけるような笑顔を見せたり、ある人には無視してみたり、文句ばっかり言ってみたり。
暗いのも、汚いのも、できないのも、ネガティヴなのも、エロいのも（笑）、全部、自分なんだ。

失敗してもいい、かっこ悪くてもいいってことが、思わぬ力を生むこともある。
先日、僕が発信したメッセージで、面白い結果が生まれのでご紹介します。この方は、ある資格試験に長年挑戦されていましたが、なかなかうまくいかず、このときも直前になって、いっぱいいっぱいになっていました。
そんな状態のときに、僕がお届けしたメールが次の通りです。

「試験の前に、いっぱいいっぱいなあなたへ」

失敗したらどうしよう、うまくいかなかったらどうしようって考えるよね。

大丈夫、失敗するから。
それは決まってることだから。
そして、それを「失敗」ととるから、生き方がおかしくなるだけなのね。
大丈夫、失敗する。
大丈夫、失敗する。
そして、失敗してもいい。
失敗すると不幸せ？
いまは不幸せ？
いっぱい幸せ持っているはずなのに。
そんなにわざわざ不幸を作りに行かなくていいの。
いまも、幸せ。
いまも、幸せ。
合格しても、幸せ。
失敗しても、幸せ。
力を抜いていこう。

リラックスが、いちばんの力。
失敗を恐れる心が、いちばんの障害。
「失敗してもいい。
後悔してもいい。
どん底に落ちてもいい。
みじめでもいい。
馬鹿でもいい。
苦労が無駄になってもいい。
自分が馬鹿に思えてもいい。
そして、うまくいってもいい。
喜んでもいい。
みんなに祝ってもらってもいい。
どちらでもいい。
どちらでも、幸せ」
これを口に出して唱えてみな。

疑いながらも、この方は本当に唱えて（笑）、合格されました。

もちろん、彼女自身の頑張りが生んだ結果です。でも、このメッセージを何度も何度も繰り返して唱えた結果、心のなかに大きな変化が生まれたと言います。

これが自由です。これが執着を手放すということ。これが素直ということです。

次に頑張ればいい

そうしようと思っても、できないことがあります。なかなかできない。そんなことがきっと多いかもしれません。

やさしくしようと思っても、やさしくできない。

怒らないようにしようと思っても、怒ってしまう。

拗ねないようにしようと思っても、拗ねてしまう。

笑おうと思っても、笑えない。

甘いものをガマンしようと思っても、ガマンできない。

やめなくちゃ、抑えなくちゃってわかっていても、なかなかできないこと、抑えられないことがあります。

感情が暴れ出して止まらない。

そうしたくてたまらない。

そんなときもあるでしょう。そんなこともあるでしょう。

人間ですから、当たり前。

でも、次こそは、そうならないように頑張ろう。

次こそは、次こそは、次こそは……。

言い続けて何年にもなるけれど、それでも次こそは！

3歩進んで、またやっちゃって、2歩下がる。

1歩下がって、5歩進んで、3歩下がる。

さて、何歩進んだでしょう（笑）。

そんなとき、立ち止まって考えてみる。

がむしゃらに走っていたら、走りながら考える。
道を間違って、よけいに焦って走り回る。
そしたらもっと、道がわからなくなる。
そんなときは、また立ち止まって、考える。
立ち止まって、ちゃんと考える。
そして感じてみる。

人生にはそんな時期も必要です。
いろんな質問をもらって、考える。
誰かに追い立てられて、考える。
すぐには答えが出ないかもしれない。
そもそも答えなんて、ないのかもしれない。
でも、やっぱり立ち止まって、考える。
遠回りしてでも考える。
それでいいと思うんです。

いまは、通過点。

やっと「すあしの女」になった！　と喜んでも、気を抜くと「地獄思考」に戻ってしまうことがあります。そう、僕のように（笑）。

でも、だからこそ、いつもいつも気にしていてほしいんです。

「素直になれてるか」「意地張ってないか」「拗ねてないか」ということを。

問題や悩みが起きたときには、いつも自分にこう問いかけてみてください。

拗ねてないか。

思い込んでないか。

求めてないか。

飢えてないか。

禁止してないか。

閉じてないか。

怖がってないか。

忘れてないか。
反応してないか。
歪んでないか。
こだわってないか。
疲れてないか。
裁いてないか。

これは、全部、癖。
だから、さあ素直に戻ろうって。

天国の光の正体

いまの出来事は、自分の過去の意志や行いが引き起こしました。
未来の出来事は、自分のいまの行いによって、もたらされます。

自分がなにを思い、なにを決断し、なにを行うのか。その自分の心が、未来を作ります。

私たちは、無垢《むく》の状態で生まれました。

生きてるだけでどんどん成長し、変化し、新陳代謝によってたくさんの垢《あか》が出てきます。つまり、古い細胞が垢となって死んでいきます。

「心」も同じです。

古い価値観をそのままにしておくと、どんどん垢まみれになって汚れていき、臭いを放ちます。

毎日お風呂で体を洗うように、見えない心を磨き続けること。古い価値観や、いままでの勘違い、思い込みを見直し自分を磨き続けることが大事。

一気にきれいになるんじゃなくて、大切なのは毎日の積み重ねなんですよね。

僕自身、まだまだ垢だらけですが、一緒に磨いていきましょう。

いまのそのままの自分を認めながら、許しながら、素直になって、愛されて幸せになりましょう。

めんどくさい女を卒業して、すあしな女になりましょう。そして、地獄も楽しみ、天国も楽しめる、そんな自由を手に入れましょう。

最後にもういちど繰り返しますが、一歩、一歩、コツ、コツと……。

失敗したり落ち込んだり、喜んだりしつつ、一歩、一歩、コツ、コツと……。

その先に、あなたをいきいきと輝かせる明るく晴れやかな光が、天国の光が待ってますから、ね。

あとがき

　ここまでお読みいただき、ありがとうございました。

　僕にとって「めんどくさい女」は、まさに僕自身の姿でもあるのです。この本の執筆にあたり、妻が僕のなかにある「めんどくさい地雷」をたくさん見つけてくれました。そのたびに反応し、乗り越えて得たものが、この一冊につまっています。

　そんな妻の存在は、僕にとっての宝物です。

　この本を作るにあたって、とても楽しい時間と気づきを与えてくれた廣済堂出版の真野はるみさん、最高のイラストを描いていただいた松尾たいこさん、デザイナーの高瀬はるかさん、そして、たいこさんをご紹介してくださった龍&アニキのお二人に、あらためてお礼を申し上げます。

　また、この本を書くにあたって経営コンサルタントの中井隆栄さん、アンソニーロビンズ直伝トレーナー池田貴将さんから多くのひらめきをいただき、書道家の武田双雲さんとの出会いにより「天国思考」の存在を確固たるものにさせていただきました。

この本には書ききれなかった「すあしレッスン」がまだまだたくさんあります。それらのレッスンを通して、これからさらに多くの「すあしの女」の輪が広がっていくことを願っています。

そしていつか、「すあしの女」が日本中に輝きあふれることを、心から願っています。

二〇一一年二月吉日

心屋仁之助

「めんどくさい女」から卒業する方法

「でも」「だって」「どうせ」が口ぐせのあなたへ

2011年３月10日　第１版第１刷

2013年３月１日　第１版第５刷

著者――心屋仁之助

発行者――清田順稔

発行所――株式会社廣済堂出版

〒104-0061 東京都中央区銀座3-7-6

電話 03-6703-0964（編集） 03-6703-0962（販売）

FAX 03-6703-0963（販売部）

振替 00180-0-164137

http://www.kosaido-pub.co.jp

印刷・製本――株式会社廣済堂

本文DTP――株式会社三協美術

編集協力――石井洋子

ISBN 978-4-331-51524-2 C0095